D1652900

Branko Lenart

Wahrgenommen
Fotoarbeiten 1965-1990

Branko Lenart

Wahr Genommen
Fotoarbeiten 1965 - 1990

Eine Monografie

mit einem Vorwort von
Peter Weiermair

und Textbeiträgen von
Attilio Colombo
Werner Fenz
Joan Fontcuberta
Kurt Kaindl
Friederike Lenart
Jure Mikuž
Alfred Paul Schmidt
Thomas Schwinger
Slavko Timotijević

Salzburg 1991

Edition Fotohof im Otto Müller Verlag

Impressum

EDITION FOTOHOF
 HERAUSGEGEBEN VON KURT KAINDL
 EDITED BY KURT KAINDL

BAND 5 / VOLUME 5
 BRANKO LENART, WAHR GENOMMEN

UMSCHLAGGESTALTUNG UNTER VERWENDUNG EINES FOTOS VON BRANKO LENART
COVER PICTURE BY BRANKO LENART

DIE HERAUSGABE DIESES BUCHES WURDE ERMÖGLICHT DURCH DIE UNTERSTÜTZUNG
 DES BUNDESMINISTERIUMS FÜR UNTERRICHT UND KUNST,
 DER STEIERMÄRKISCHEN LANDESREGIERUNG UND
 DES KULTURAMTES DER STADT GRAZ.

PRODUKTION / PRODUCTION: KAINDL E.V.G. & VISION, SALZBURG
ÜBERSETZUNG / TRANSLATION: KLAUS FEICHTENBERGER
LAYOUT: DIETER HUBER, SALZBURG
LITHOS / LITHOGRAPHS: REPRO ATELIER REINHOLD CZERLINKA, GRÖDIG
DRUCK / PRINTING: FA. ROSER, MAYRWIES

 PRINTED IN AUSTRIA

C 1991 BY OTTO MÜLLER VERLAG, SALZBURG UND BEI DEN AUTOREN

 ALLE RECHTE VORBEHALTEN / ALL RIGHTS RESERVED

 ISBN 3-7013-0817-9

Für Friederike

Prolog / Prologue

Domenico Beccafumi: Santa Lucia, 1521

Vorwort / Foreword

Branko Lenart hat dem Überblick über sein bisheriges photographisches Oeuvre, das Werk von fünfundzwanzig Jahren, welches in einzelne, fast eine methodische Vorgangsweise suggerierende Abschnitte gegliedert ist, den Titel "wahr genommen" gegeben. Damit rückt Lenart den Begriff der Wahrnehmung in die Nähe der Wahrheit - wahr nehmen und für wahr nehmen rücken nahe zusammen. Lenart spielt auf die für die Photographie bedeutsame ästhetische Diskussion an, daß diese die Wirklichkeit bis ins kleinste Detail wiedergebende Technik auch eine Kunst mit Wahrheitsanspruch sei. Der Photograph nimmt wahr, aber er bestimmt den Zeitpunkt der Materialisation seiner Beobachtung im Bild und er legt den Ausschnitt fest, ein ästhetischer Parameter, der für Lenarts Werk von zentraler Bedeutung ist; Ausdruck nicht nur einer formalistischen Entscheidung. So sehr Lenart Anteil nimmt, betroffen ist von der ihn umgebenden sozialen Wirklichkeit, die in den Achtzigerjahren entstandenen Städteprojekte belegen dies sehr gut, er ist kein naiver oder intuitiv agierender "concerned photographer", kein Moralist, sondern eher ein Poet, dem es einerseits darum geht, möglichst dichte, unauflösbare Bilder zu schaffen, "tableaux vivants" der Wirklichkeit, die alleine, in Zweiergruppen mit oder ohne literarischen Text, Bildunterschrift oder in Serien unsere Assoziationskapazität herausfordern, uns zur Lektüre einladen, ein Photograph, der andererseits jedoch stets die Bedingungen und Grenzen seines Mediums mit reflektiert, ja mit ihnen spielt, an ihren Grenzen agiert. Der Photograph ist zum einen in die Welt als einer unendlichen Folge von Bildern, Ausschnitten der Wirklichkeit verliebt, zum anderen zeigen seine konzeptuellen Arbeiten, und diese sind keine Konzession an den Zeitgeist, daß Lenart der sich selbst beobachtende Beobachter ist. Er rückt Tatsachen und Bedingungen des photographischen Arbeitens ins Bild und thematisiert sie, etwa wenn er sich über viele Projekte hinweg, die auch als Forschungsarbeit zu sehen sind, mit dem Thema des Ausschnittes auseinandersetzt. In der Arbeit mit Spiegeln, um nur ein Beispiel zu erwähnen, wird die Spiegelung des Wirklichkeitsausschnittes, der nicht in der Richtung der Linse, also in ihrem Blickfeld liegt, in das Bild mitintegriert, sodaß eine Verschränkung von hinten und vorne erfolgt. Der Betrachter reflektiert den Begriff der Spiegelung, den der Photographie wie auch den des realen Spiegels, dessen Reflektion in das Bild mitintegriert wurde. Auch die aus dem Jahr 1975 stammenden Selbstportraits thematisieren eine elementare Wahrheit, die nämlich, daß der Aufnehmende selbst nie Gegenstand des Bildes sein kann, beziehungsweise, daß wir, sehen wir einmal davon ab, daß wir uns spiegeln, nur ein sehr begrenztes Bild von uns selbst besitzen. Wortspiele, Sprachspiele und Bilderspiele interessieren Lenart. Auch die Folge "Presenting Photographers" nimmt die Sprache beim Wort und setzt sie ins Bild um. Der Photograph Lenart präsentiert seine Kollegen, indem er sie mit eigenen Händen ins Bild rückt. Lenart nimmt die Tatsache der Fragmentation der Wirklichkeit, die die Photographie auszeichnet, nicht einfach hin, sondern thematisiert sie, indem er uns Gesichtshälften, von denen wir wissen, daß sie symmetrisch sind, in der Vorstellung ergänzen läßt oder indem er das Unmögliche versucht, Ausschnitte des Meeres zu fixieren. Es ist immer ein konzeptuell getönter, das Medium selbst reflektierender Umgang mit der Photographie, die freilich stets sinnlich, poetisch, wirklichkeitsgesättigt bleibt. In den vergleichenden Bildpaaren wird diese poetische Kraft am deutlichsten, das Lesen der Bilder heißt Vergleichen; Lenart verweist den Leser dieser Bilder auf sich selbst, auf die Kraft seiner eigenen Imagination, schafft komplexe Bildstrukturen wie in den zuletzt entstandenen Aufnahmen aus Rom, die eine fortdauernde Auseinandersetzung des Betrachters mit den Bildern erlauben.

PETER WEIERMAIR

10

"Wahr genommen" — a pun involving the double meaning of "perceived" and "accepted as true" — is Branko Lenart's title for the synopsis of his photographic oeuvre up to the present point, a work that spans 25 years and is divided into various periods in a way suggestive of methodical thought. Lenart's pun brings perception into proximity with truth and alludes to an aesthetic debate that has been of relevance to photography, on the question whether a technology capable of reproducing reality in even the most minute detail can also produce art with a claim to truthfulness. The photographer "nimmt wahr" — he perceives and accepts as true —, but he himself determines the moment when to materialize his perception; he also determines the viewing angle, an aesthetic parameter of central significance to Lenart's work, expressive of more than formal considerations. In spite of his intense involvement and his concern with the surrounding social reality which has been amply proved by his city projects in the eighties, he is no naive, intuitive "concerned photographer", no moralist but rather a poet whose object is, on the one hand, to create pictures as dense as possible, pictures that will not dissolve, "tableaux vivants" of reality challenging our associative faculties individually, in pairs, with or without written text or captions or in entire series — pictures that invite us to read. On the other hand, he is never, at any time, oblivious to the conditions and limitations of his medium, and he toys with and tests these limitations. While the photographer is infatuated with the world as an infinite sequence of images and segments of reality, his conceptual works — and they are by no means concessions to the zeitgeist — reveal him as a self-observing observer. He brings into the picture the facts of photographic life. They become his topic, for instance, when he explores the concept of the photographic angle throughout many projects that might also be seen as research work. In his work with mirrors, to name but one example, the reflection of that segment of reality which is not in front of the lens and is thus outside its viewing angle, is integrated in the picture so that forward and backward views are conjoined. The viewer reflects the concept of reflection — that of photography and that of the real mirror whose reflection has been integrated in the picture. His 1975 self-portraits also have, at their center, an elementary truth: the fact that the person who presses the button can never be in the picture or, respectively, the fact that we have a very limited perception of ourselves, considering mirror reflection as the only possibility. Lenart is interested in word plays, language plays and image plays. His sequence "Presenting Photographers", for example, takes language literally and transforms it into an image. The photographer Lenart presents his colleagues by putting them into the picture with his own hands. He does not simply accept the fragmentation of reality characteristic of photography but picks it out as a central theme by making us fill in missing halves of faces we know to be symmetric or by trying the impossible in capturing segments of the sea. In his dealing with photography there is always a conceptual undercurrent, a reflection on the medium as such, never shedding, however, its sensuality, its poetry, its saturation of reality. That poetic strength becomes most explicit in his comparative image pairs — the reading of these images is comparison. Lenart refers the reader of these pictures back to him- or herself, to his own power of imagination, and he creates complex visual structures as in his recent pictures of Rome that allow for a continuous dialogue between viewer and image.

PETER WEIERMAIR

Lush Life

1965 - 1971

Graz, 1965

Pöls, 1971

GRAZ, 1967

16   GRAZ, 1971

Roma, 1968

AUGSBURG, 1969

Dubrovnik, 1967

On The Road

1970 - 1973

Aber damals tanzten sie über die Straßen wie Waldgeister, und ich schlurfte hinter ihnen her, wie ich mein ganzes Leben lang hinter Leuten hergeschlurft bin, die mich interessieren. Denn die einzig wirklichen Menschen sind für mich die Verrückten, die verrückt danach sind zu leben, verrückt danach zu sprechen, verrückt danach, erlöst zu werden, und nach allem gleichzeitig gieren ...

JACK KEROUAC, UNTERWEGS

But then they danced down the streets like dingledodies, and I shambled after as I've been doing all my life after people who interest me, because the only people for me are the mad ones, the ones who are mad to live, mad to talk, mad to be saved, desirous of everything at the same time, ...

JACK KEROUAC, ON THE ROAD

La Rochelle, 1973

22

Paris, 1970

Berlin, 1970

Paris, 1970

PTUJ, 1970

BERLIN, 1970

MARAMURES, 1972

La Rochelle, 1973

La Rochelle, 1973

Mirrorgraphs

1975

Kunst und Fotografie: Branko Lenart

Die Probleme der Negation, des Alternativen, des Falschen und Richtigen sind nur Reflexe des gleichen großen Problems in verschieden gestellten, großen und kleinen Spiegeln der Philosophie.
Wittgenstein

Die Beziehung zwischen der bildenden Kunst im engeren Sinne und der Fotografie hat sich seit dem Erscheinen der letzteren auf dem weiten Feld der visuellen Künste ständig verschärft. Seit der Jahrhundertwende könnten wir sie als Wettstreit und als Zusammenstoß bezeichnen. Die scheinbare Erschöpfung beider Akteure hat in den letzten Jahren viele Versuche angeregt, die auf dem breitesten Feld der visuellen Künste, der Malerei, der Graphik, der Fotografie, des Films und des Fernsehens schon längst nicht mehr den Prämissen der eigenen Medien entspringen, sondern sie überschreiten und Vorbilder und Lösungswege untereinander und bei den übrigen Gattungen suchen und entlehnen. So zerschlagen sie die ideologischen Schemata jener Ästhetik, mit der sich als erster Duchamp bewußt auseinandergesetzt hat. Seine Kunst und die Malerei Magrittes, die Literatur Gides, Robbe-Grillets und Butors spiegeln schon die Mechanismen des randlichen, mit den Eigenschaften des Mediums selbst sich beschäftigenden Geschehens, die - wenn wir auf dem Gebiet der bildenden Kunst bleiben - endlich auch die konzeptuelle Kunst initiierten. In ihr ist das Bewußtsein, daß sich die Ideologie der Gesellschaft überall spiegelt, selbst in der Natur, die erst mit der anthropozentrischen Auffassung bezeichnet bzw. bestimmt erscheint. Bezeichnend für die konzeptuellen Prozesse ist, daß sie notiert und auf solche Weise bewahrt und dokumentiert mit "der Mitteilung ohne Code", wie Barthes die Fotografie nennt, bleiben. Das Phantom des Spiegels (Gombrich), die Untersuchung der Problematik seiner Analogie und seines Gegensatzes zur Malerei kennen wir in der bildenden Kunst seit den ersten Vertretern der nördlichen Renaissance, von Leonardo (der Spiegel ist der Lehrer des Malers) über Velasquez bis zu den zeitgenössichen niederländischen Konzeptkünstlern. Lenart erreicht durch die Suche des Spiegelbildes der Landschaft ein neues Bild: mit Hilfe der eigenen Intervention (Kultur) greift er in die Natur und summiert die zufällige Unordnung der Natur und die zufällige Unordnung des Spiegelbildes in ein neues geordnetes Ganzes der Kunst. So werden Lenarts Abbildungen nicht von selbst Kunst - als geordnete Spiegelung der Natur, weil wir sie als solche (ohne fotografischen Ausschnitt, ohne bestimmten Winkel und ohne Korrektur der Optik) überhaupt nicht sähen, noch könnten sie Kunst sein nur als zufällig fotografierte Ausschnitte aus der Natur, denen die intellektuelle Intervention des Autors fehlte. Erst sich ergänzend und vereint erreichen beide Komponenten im Dokument der Erfahrungen und des Suchens des Autors eine höhere ambitionierte Ebene. Obwohl wir auch selbst in der Natur unzählige Male vor der Möglichkeit des Erlebens einer ähnlichen Situation standen, hat sie erst der Fotograf aufgesucht, gewählt, geordnet und notiert und damit "geschaffen". Der Kontakt mit seinem Resultat der gedanklichen Projektion ist erst möglich, wenn wir bereit sind, es anzuerkennen und entgegenzunehmen. Aber: ist es uns noch gegeben, die ausschließlich persönlichen Mechanismen des Künstlers zu begreifen, der in die Natur eingreift, obwohl die ursprünglich mythischen Beweggründe allgemein sind und ist das Bewußtsein der allgemein verlorengehenden Sendung und die Tatsache der Belebung und des Wiedererkennens im Unterbewußtsein anwesender Kraftlinien an und für sich schon Garant für Kunst? In der Sprache von Lenarts Fotografien erkennen wir verschiedene Ebenen von der vorfotografischen Ordnung bis zur Fotografie als Endprodukt. So können wir die Beziehung der zwei ursprünglichen Elemente, Form und Inhalt, innerhalb des Schemas des linguistischen Diagramms stellen. Lenart geht von der denotativen Ebene der vorfotografischen Anordnung aus, wo auf der konzeptuellen Ebene Gleichgewicht zwischen der Art der Ordnung des fotografischen Objektes und der Bedeutung des Bildgegenstandes und seine Aufstellung in der erfundenen Konzeptsprache herrscht, in der die beiden Aufbauelemente nicht ohne einander funktionieren können. Mit den Erfahrungen, die das Natürlich-Mythische wollen und die kultivierten Retundanzen der Kunst schaffen, geht dieser Zustand mit der Betonung der inhaltlichen Bedeutung des natürlichen Ausschnittes in die künstlerische Abbildung über, das heißt, in die Ebene der Metasprache der bildenden Kunst, mit der spezifischen Optik des Betrachtens, Festhaltens und Bewahrens aber in die Ebene der fotografischen Konotation.

JURE MIKUŽ, 1976 (GEKÜRZT)

Art and Photography: Branko Lenart

The problems of negation, of the alternative, of wrong and right are but reflexes of the same problem in variously positioned large and small mirrors of philosophy.
WITTGENSTEIN

The relation between the fine arts in a narrower sense and photography has been problematic in an ever increasing measure since photography made its appearance in the broad field of visual art. From the beginning of the century that relation may be described as competitive and conflicting. In recent years, the seeming exhaustion of the two protagonists has stimulated many experiments in the broad field of the visual arts — painting, graphic art, photography, film and TV —, experiments that have long left the premises of any one medium, looking to and borrowing from various art forms for solutions and models and breaking up the ideological systems of an aestheticism first consciously dealt with by Duchamp. Duchamp's art, Magritte's painting and the literary works by Gide, Robbe-Grillet and Butor first reflected the mechanisms of the marginal, of an art interested in its medium and leading — if we remain in the field of the fine arts — to conceptualism. In it rests the awareness that the social ideology is reflected in everything, even in nature which seems to receive its designation and definition only by an anthropocentric attitude. It is typical for conceptual processes that they are recorded and thus preserved and documented in a "message without code", as Barthes defined photography. In the fine arts, the phantom of the mirror (Gombrich), the exploration of its analogy and its controversy with painting, has been a topic since the earliest representatives of the northern Renaissance, from Leonardo ("the mirror is the painter's teacher") to Velasquez and on to contemporary Dutch concept artists. In his search for the landscape's mirror image, Lenart brings about a new image: by his own intervention (culture) he reaches out into nature, summarizing the accidental disorder of nature and the accidental disorder of the mirror image in a new, ordered artistic whole. Thus, Lenart's depictions neither become art on their own account — as an intellectually ordered mirror image of nature, because we would not even see them as such (without photographic segmentation, without a definite angle and without the correction of the lens) — nor could they be art as accidentally photographed segments of nature lacking the author's intellectual intervention. Only in a complementary relationship the two components attain a level of higher ambition in the document of the author's experience and search. Although every one of us has been faced with innumerable similar situations in nature, it is the photographer who has searched for, selected, ordered, recorded and thus "created" them. Not until we are prepared to recognize and accept this principle are we able to get in touch with the result of his mental projections. Are we, however, also privileged to comprehend the purely personal mechanisms of the artist intervening in nature (though the originally mythical motives are universal), and does the awareness of a general loss of mission or the resonance of unconscious lines of force per se guarantee artistic quality? In the language of Lenart's photography we recognize various levels, from a pre-photographic order to photography as the final product, so that we can represent the relationship of the two original elements, of form and content, within the linguistic diagram. Lenart's point of departure is the pre-photographic constellation where we have, on the conceptual level, a balance between the type of order of the photographic object and the conceptual language wherein the two constructive elements cannot function without each other. With these experiences demanding the natural-mythical and creating the cultured redundancies of art, this condition, which emphasizes the semantics of the natural segment, is carried over into the artistic depiction, that is, to the level of the meta-language of the fine arts, and to the level of photographic connotation with the specific optics of viewing, recording and preserving.

JURE MIKUŽ, 1976 (ABRIDGED)

Präambel / Preamble:
Perast, 1971

39

SELFPORTRAITS

1975

Es war einmal die Salonfotografie, die Aktfotografie, die Landschaftsfotografie und die Porträtfotografie. Es gab den Fotojournalismus: jedes Bild war durch den Gegenstand "katalogisiert" und die Fotografie, das "mechanische" Mittel par excellence, bot denen, die sich damit beschäftigten, die Möglichkeit sofort zu verstehen. Dann kamen die "Zerstörer", beginnend mit Moholy-Nagy und Man Ray, bis zu Frank, Krims, Cresci und Zeitgenossen. Und das war das Ende. Das Ende der Fotografie? Nein, nur das Ende einer beruhigenden, ideologischen Gewißheit, die die Fotografie katalogisiert hatte, durch ein ganzes Jahrhundert - als "exakte Wissenschaft", als "mechanische, objektive Kunst", und vor allem als hochklassischen Ästhetizismus. Es begann jetzt eine neue Zeit der Fotografie, nämlich die des "Subjektivismus", in der das mechanische Mittel nicht mehr der Fetisch war, dem sich alle unterordneten, sondern ein Medium, das es zuließ, eine Idee auszudrücken. Je mehr man sich von den abstrakten Kategorien der "reinen Fotografie" entfernte, desto mehr erweiterte sich der Horizont der Möglichkeiten, und der bis dahin eingezäunte Garten der Fotografie, der oft noch unter dem Joch der Malerei stand, erweiterte seine Grenzen. Den Wert des Bildes begründete man nicht mehr ausschließlich auf technische Begutachtung, sondern er wurde viel höher geschraubt, auf den Wert der kreativen Fähigkeit des Menschen-Fotografen-Künstlers. Die Technik der Fotografie bot überraschend große Möglichkeiten, tiefer zu gehen. Die Fotografie Branko Lenarts gehört in diese neue Richtung. Hier ist die Fotografie nicht mehr der Akt, die Landschaft, das Porträt, die Pressefotografie, sondern sie wird zu einer sehr persönlichen Ausdrucksform, einer Möglichkeit, die Welt zu sehen und sie zu interpretieren. Es ist eine subjektive Fotografie, die an die Formgebung und Absicht des Autors gebunden ist. Aber subjektiv ist sie auch für den, der die Bilder liest. Ein Verletzter in Vietnam, der von Griffith fotografiert wurde, ist, abgesehen vom moralischen und politischen Wert, immer und für alle ein Kriegsverletzter. Was sind aber für Lenart und für alle Betrachter die Bilder dieses österreichischen Fotografen? Es sind "Zeichen", die jeder in einer anderen Art interpretieren kann: "Es ist auch meine Absicht, damit dem Betrachter, seiner Fantasie und einer aktiven Auseinandersetzung nicht zu enge Grenzen gesetzt werden", sagt Lenart. Das ist der Grund, warum es mir unnötig erscheint, meine persönlichen und willkürlichen Interpretationen der verschiedenen Bilder darzulegen. Was aber nicht bedeuten soll, daß wir auch darauf verzichten sollen, die Gesamtbedeutung, die der Fotograf seiner Arbeit mitgeben will, zu verstehen, oder den methodisch-technischen Weg, mit dessen Hilfe er seine Absichten sichtbar macht. "Die Einsicht, die mich am meisten erschüttert hat, war die, daß es nichts Absolutes gibt. Auch die Werte, die wir als gegeben und im Unbewußten unkritisch akzeptieren, sind nur Produkte der jeweiligen Zeit und Gesellschaft, also relativ. So gesehen bedeutet der heute viel gepriesene Pluralismus die größte Unsicherheit und Prüfung für den Menschen. Nur allzu viele erleben ihn und die damit verbundene äußere Freiheit als eigene Hilflosigkeit. Die Realität bietet sich mir subjektiv als ein surreales Theaterstück dar, in welches ich zu spät komme, das voll von Absurditäten ist und das durch die unendlich vielen Dimensionen nicht als etwas Ganzes erfaßbar ist. Und eigentlich wollte ich gar nicht ins Theater gehen". Das sind die ideologischen Termini, die die "Poetik" Lenarts ausdrücken; wir finden darin die Reminiszenzen der wichtigsten kulturellen Strömungen unserer Zeit. Übersetzt in mehr "visuelle" Termini kann man Lenarts Überlegungen so zusammenfassen: die Realität ist eine Tatsache, die subjektiv, fragmentarisch und scheinbar ist. Eine Darstellung mit Hilfe des fotografischen Bildes scheint ein schwieriges und scheinbar gegensätzliches Unterfangen zu sein, wenn es wahr ist, daß gerade das fotografische Bild untrennbar an die äußerste Realität gebunden ist. In den Bildern Lenarts finden wir keine "realen" Gegenstände, so wie wir sie gewohnt sind, wenn wir sie in ihren "normalen Relationen" betrachten. Jedes Foto Lenarts ist ein "Eingriff" in das, was vor ihm steht. Dem Fotografen gegenüber steht die grobe Materie des Chaos der Erscheinungen. Da es unmöglich ist, die komplexe Bedeutung zu erfassen, arbeitet er innerhalb einzelner Fragmente und verwendet dabei vorsichtig ein isoliertes Blickfeld. Auf diesem Fragment der Realität, mit oft mystifizierten Zeichen, übt er die eigene Fantasie, um verschiedene Realitäten auszudrücken, um neue geistige Relationen zu schaffen. Der Fotograf wird der Protagonist der Fotografie, nicht nur weil er hinter der Kamera steht und über den Auslöser entscheidet, sondern auch wegen seiner eigenen physischen Gegenwart im Inneren des Ausschnittes: es sind seine Hände, die die Brillen halten, welche den Horizont brechen, es sind seine Hände, die den nackten Körper der Frau bedecken. Um auch bildlich die Verschmelzung zwischen der gemessenen Realität und dem zu messenden Gegenstand zu definieren, gibt der Protagonist unbedeutenden Fragmenten der Realität Bedeutung und Wert. Auch die Krümmung, die das Weitwinkel mit sich bringt, spielt eine bemerkenswerte Rolle, um die Ausweitung des Bewußtseins zu unterstreichen. So wird jede Aufnahme Lenarts, auch wenn sie von einem rein theoretischen Standpunkt aus genau vorbereitet wurde, auch ein improvisiertes Happening, bei dem die Wirklichkeit zerbröckelt, um ein neues Ereignis zu erschaffen.

ATTILIO COLOMBO, 1977 (GEKÜRZT)

There used to be drawing-room photography, nude photography, landscape photography and portrait photography; there used to be photojournalism: every picture was "catalogued" by its subject, and photography, the paragon of a "mechanical" medium, offered the possibility of instant understanding to those who were dealing with it. Then there came the "destroyers", beginning with Moholy-Nagy and Man Ray and ending with Frank, Krims, Cresci and their contemporaries. And that was the end. The end of photography? No, only the end of a calming ideological certainty that had catalogued photography throughout an entire century — as a "precise science", as "mechanical, objective art" and, first and foremost, as an august aestheticism. Then came a new era of photography, that of "subjectivism" when the mechanical medium ceased to be the fetish everyone subordinated themselves to, and became a medium that allowed the artist to express an idea. The greater the distance from the abstract categories of "pure photography", the wider the horizon of possibilities — the fenced-in garden of photography which had often labored under the yoke of painting, now extended its limits. A picture's value ceased to be based on technical expertise alone; it was heightened to the value of the creative ability of the person/photographer/artist. The technology of photography offered an unexpected wealth of possibilities to go into depth. Branko Lenart's photography belongs to that new type. Here, photography is no longer the nude, the landscape, the portrait, the news photograph, but it becomes a very personal form of expression, a way of seeing and interpreting the world. It is a subjective photography tied to the formal preferences and intentions of the author, but it is also subjective to the reader of his images. An injured person in Vietnam photographed by Griffith will always and for all be a war casualty, apart from the picture's moral or political significance. What, however, are the pictures of this Austrian photographer to Lenart himself or to any viewer? They are "signs" to be interpreted by each viewer in his own way. "I intend to avoid drawing all too narrow limits for the viewer, for his imagination and analysis", Lenart says. This is the reason why I regard it as unnecessary to give my personal and arbitrary interpretations of the various pictures, which does not mean, however, that we should not attempt to understand the overall meaning the photographer has put into his work, or to examine the methodical-technical approach he has used to visually realize his intention. "The insight that shook me most was that there are no absolutes. The values we take for granted and accept uncritically and unconsciously are only products of our time and society and thus relative. In this light, our highly praised pluralism confronts man with the ultimate insecurity and trial. Too many experience it and the accompanying outward freedom as personal helplessness. Reality presents itself subjectively as a surrealist stage, and I am a late-comer to a play full of absurdities, a play incomprehensible as a whole in its many dimensions. Actually, I hadn't even planned to see a play." These are the ideological terms expressing Lenart's "poetics" wherein we find reminiscences of the major cultural trends of our day. Translated into "visual" terms, Lenart's considerations may be summarized as follows: Reality is subjective, fragmentary and illusory. Representing it by means of a photographic image seems to be a difficult and seemingly controversial undertaking, if it is true that the photographic image, more than anything else, is inseparably associated with outer reality. In Lenart's pictures we do not find "real" objects as we are used to seeing them in their "normal relations". Each of Lenart's pictures is an "intervention" in what is lying before him. The photographer is faced with the crude matter of the chaos of appearances. Since it is impossible to comprehend their complex meaning, he works within fragments, carefully utilizing an isolated field of vision. Within this fragment of reality with its often mystified signs he exercises his own imagination in order to express various realities and to create new spiritual relations. The photographer becomes the protagonist of photography, not only because he stands behind the camera and presses the shutter release, but also because of his physical presence within the picture angle: It is his hands that hold the glasses, break the horizon, cover the naked body of the woman. In order to visually define the merging of the measured reality and the subject to be measured, the protagonist gives significance and value to insignificant fragments of reality. The curvature of the wide-angle lens also plays a noteworthy role: it gives emphasis to a widened awareness. Even though each one of Lenart's photographs has been carefully prepared from a theoretical perspective, it always becomes an improvised happening that makes reality crumble in order to create new events.

ATTILIO COLOMBO, 1977 (ABRIDGED)

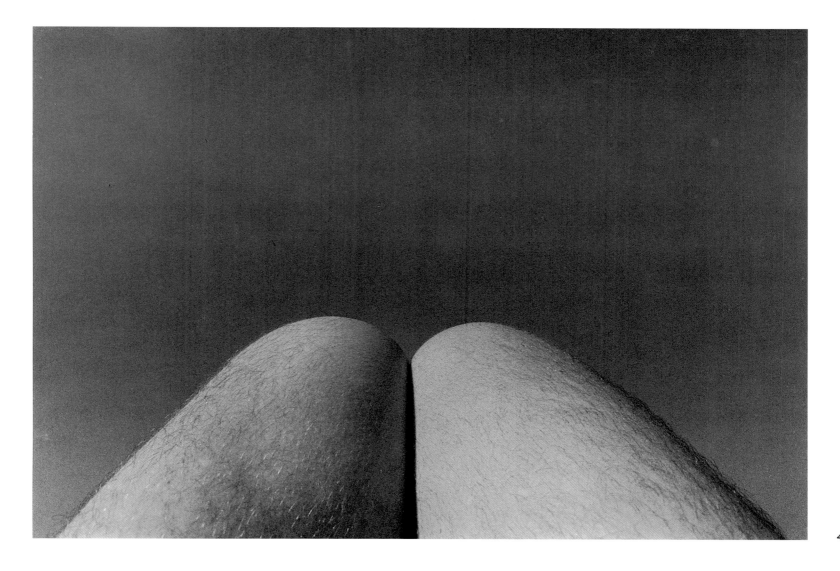

KONZEPTUELLE ARBEITEN / CONCEPTUAL WORKS

Presenting Photographers: Ernst Haas, 1976

Presenting
Photographers:
Eikoh Hosoe, 1976

54 24:36, KONGRUENT,

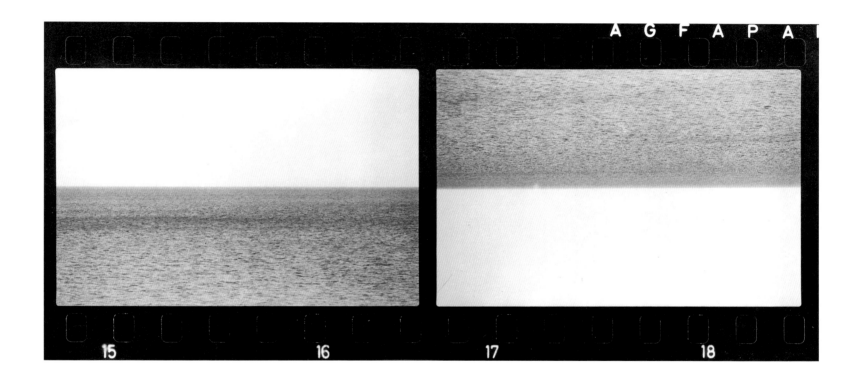

QUIVALENT, 1977/78

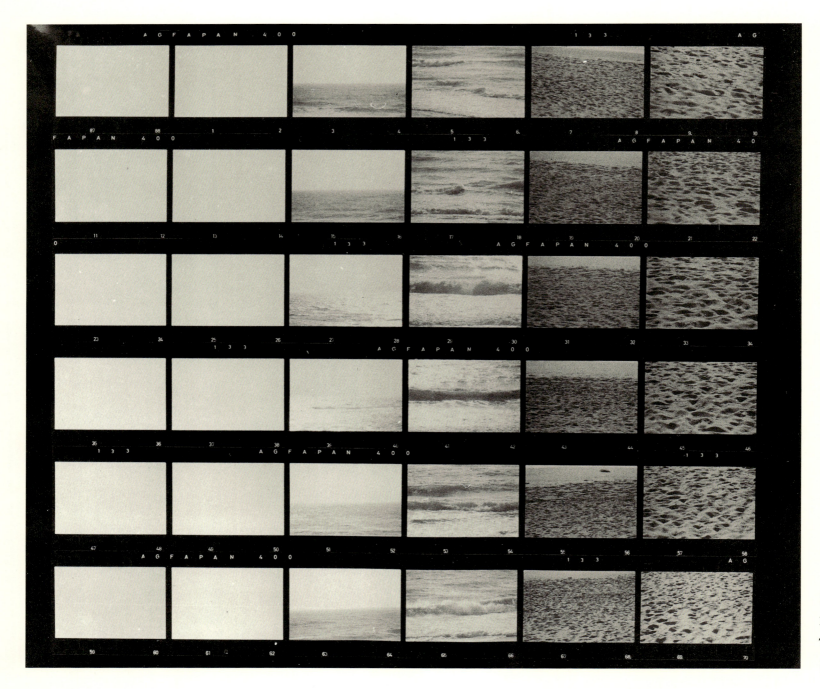

1 - 36 :
DER STRAND, VERTIKA
THE BEACH, VERTICAL
1976

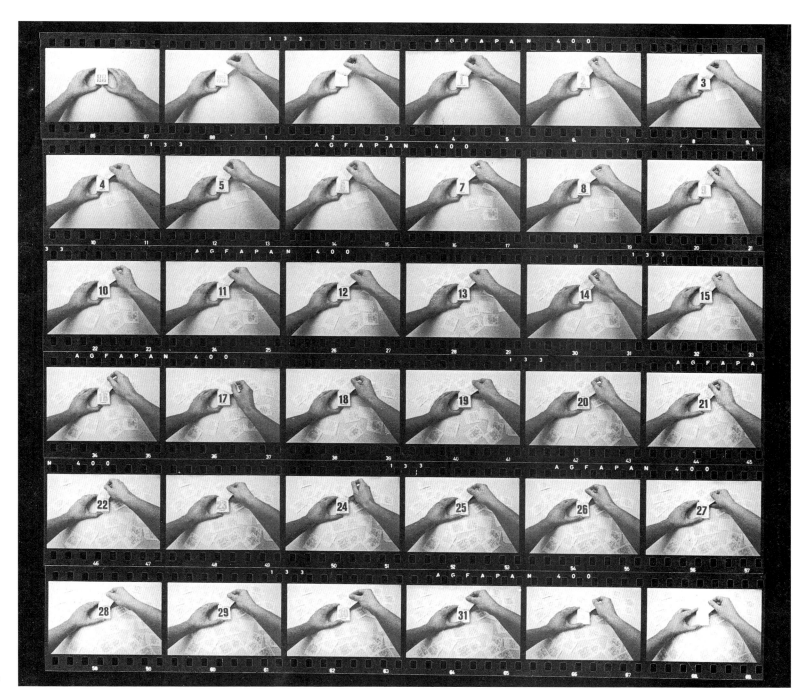

1 - 36 :
JANUAR, 1977

1-9: BRETAGNE, 1976

1 - 36:
St. John Street,
Oxford, 1977

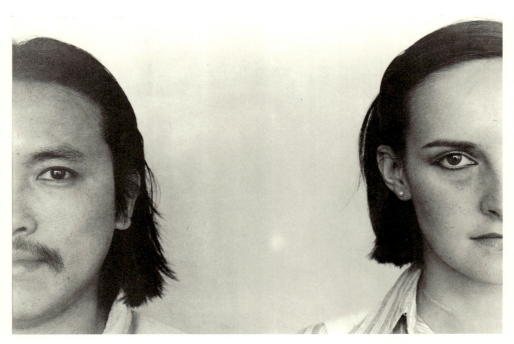

Paare / Pairs:
Seiichi & Christine
Furuya, 1978

Paare / Pairs:
Frido & Eva Hütter,
1976

Au fond et en face :
Helmut Tezak, 1977

Au fond et en face :
Metka Vergnion, 1977

Representing
Reality:
Lido, 1977

Representing
Reality:

Lido, 1977

SEASCAPES

1975 - 1978

Wasser mit Balken

"Die Landschaft weigert sich betrachtet zu werden", dieser Zeile eines Gedichts, das ich irgendwann einmal gelesen habe, erinnere ich mich beim Anschauen der "Seascapes", der Meeresgegenden von Branko Lenart. Nicht weil einem solch ein Gefühl aus den Bildern zukommt, sondern weil die Saugkraft der Fotos visuelles Hineinstürzen befördert, das von einer gewissen Portion sprachlichen Verstummens begleitet ist. Die Bilder leisten Widerstand gegen die Zerschreibung. Sie weigern sich keineswegs betrachtet zu werden, aus ihnen spricht die Gelassenheit des Meeres, das sich jegliche Betrachtung unbeschadet gefallen läßt. Vor seiner Weite hat das scharfsichtigste menschliche Auge zu versagen, und was der Mensch mittels seiner Augen in der inneren Staukammer oder mit der Hilfe einer fotomechanischen Kamera in Archiven und Portfolios horten kann, ist nur ein Bruchteil des morphologischen und psychebewegenden Angebots. Ein Dichter mit naiver Ausdrucksweise würde über das Meer schreiben: "Schaut's mich nur an und wenn euch etwas bewegt, so ist es ein Geschenk eures eigenen Gemüts". Lenarts Bilder: Anfangen muß man wohl mit der überwältigenden Gegenwart der Horizontale, dieser radikalen Linie, die das Meer durch alle Bilder zieht. Das Wasser hat etwas Endgültiges an sich. Und das Meer, wenn es sich so gibt wie auf Lenarts Fotografien, steigert diese Qualität in die Nähe absoluter Offenbarung. Klingt nach Geklingel? Aber das Wasser hat unbestritten die Möglichkeit alle Unebenheiten auf vollkommen gerechte Weise auszugleichen. Die Wasserwaage! Die Bauleute sind sehr zufrieden, wenn ihre horizontalen und vertikalen Bemühungen "im Wasser sind". Im Grunde sind die Bilder Linienkonfrontationen, daß es Schwarzweißbilder sind, erleichtert das Erkennen dieser Absicht. Was der Mensch zu dieser Konfrontation beitragen kann, das entgegengesetzte Wollen zur schlichten Horizontale des Meeres ist vom Ufer her die Vertikale. Sie macht sich wegen ihrer Begrenztheit ein wenig armselig aus. Nicht daß sie den Fotos ihren Beitrag verweigert, sie bescheinigt durch Erkennbarkeit das Wollen. Was auch anderes soll der Mensch. Der Job ist es, Limitierungen herzustellen. Deswegen das Meer: "If you please, you can ride". Die Übereinstimmung ozeanischen und menschlichen Wollens läuft auf Bestechung hinaus. Der elegante weiße Vergnügungsdampfer ziert das Meer wie eine Elfenbeinbrosche einen wertvollen dunklen Satinstoff. Das läßt sich das Meer gefallen. In den Vorstellungen der Menschen hat es weibliche Züge. Natürlich sind die "Rocks", die Felsen imposant. "Heavy Rock on Sea" wäre sicher ein einprägsamer Titel einer Langspielplatte, unter welchem Dach eine irische oder bretonische Rock Band haufenweise Heldengedichte klopfen könnte. "Durch alle Zeiten", hämmern die Stones, "sind wir dieselben geblieben. Wir haben uns eine unförmige, keltisch bewußte Eleganz erobert, indem wir uns von niemand anderem als vom Meer zurechtformen ließen". Das Meer sagt sich, es sei gerne verantwortlich für Sachen, um die es sich nicht zu kümmern braucht. Ob diese Granite jetzt ausschauen wie versteinert, schmerzlich lächelnden Walen gleichen oder ein von Andy Warhol signierter Walroßfriedhof sind, dem Wasser kann's recht sein. Seine Attraktion wird nur gesteigert. Ein ästhetischer Widerpart, der es mit dem Meer einigermaßen aufnehmen kann, sind die Naturerzeugungen seines Ufers. Die handfesten Baumstämme am Strand, die Windungen, Verstrickungen und Verschlingungen des zarteren Gehölz' mit dem Meer als Abhebungshintergrund sind doch ein Zeugnis einer ebenso urtümlichen Form- und Gestaltungskraft. Die Luft, die Fläche, in welche diese Naturkräfte hineinmalen, wird in Spannungs- und Entspannungsräume gegliedert, durch Konzentration und Dekonzentration rhythmisiert. Die vegetative Natur verwendet sich hier als informeller Maler von absoluter Zufälligkeit und dadurch von überzeugender Glaubwürdigkeit. Oder jener mächtige Laubwusch, der von links oben ins Bild hineingreift, wirkt er nicht wie eine gelassene Geste der Ebenbürtigkeit, dem Meer von der Schönheit des Landes kündend; wobei die grazile Frauenstatue mit dem Vogel auf der Hand im unteren rechten Eck des Bildes als ironischer Kontrapunkt wirkt, welcher der Absicht des Laubschwunges zuzuwinken scheint. Wie in allen Naturangelegenheiten ist die Stellung des Menschen auch auf den Bildern Branko Lenarts ein wenig problematisch. Naturgemäß nehmen sie angesichts der Majestät eine minimierende Position ein. Mickymaushafte Unbedarftheit scheint die Ideologie des Herumkrabbelns und Plantschens zu sein. Ihr Behauptungs- und Bewunderungswillen von einer rührenden Lächerlichkeit. Die schwarze Silhouette eines von unbekümmert daliegenden Kreidefelsen eingerahmten Mannes, der sinnend auf's Meer blickt, scheint von trauernder und vergeblicher Kontemplation zu künden. Auch die Haltung des Mädchens im rechtwinkeligen Eck eines Mauerzusammenschlusses ist der Ausdruck wehmütiger Sehnsucht, offenbar das einzige Adäquat, mit welchem das Gemüt auf unendliche Weiten reagieren kann. Nikolaus Lenau hat seine Melancholie nicht umsonst in der ungarischen Tiefebene angesiedelt. Die zwei Alten auf der Bank sind gut für eine nette Spielerei. Ihre weißen Haarschöpfe finden sich in den leichten Wolkenbällen als kompositorische Wiederholung am nicht allzu hohen Himmel. Von der kindlichen Unbekümmertheit eines Infantenduos gegenüber dem Meer zeigt sich der Fotograf so sehr beeindruckt, daß er sich selbst, wenn auch nur als Schatten, mit ins Bild hineinnimmt. Ein sehr ausgeklügeltes Foto. Die Konfrontation Mensch - Meer entbirgt sich aber am eindrucksvollsten durch ein Grabmal. Der Pomp eines Grabaufbaus, flankiert von den Symbolen der Religion, wird hier zum Zeichen hochgradiger aber recht lustvoller Sinnlosigkeit. Und das ist schließlich ein wesentlicher Teil der Eigentlichkeit des Menschen, die Erde mit kunstvollen Spuren seines Gefühles der Sinnlosigkeit zu imprägnieren.

Alfred Paul Schmidt, 1979 (gekürzt)

Walking on Water

"The landscape refuses to be observed" — this line of a poem I had read sometime came to my mind while looking at Branko Lenart's "Seascapes". Not because the pictures exert that impression but because the suction of these photographs facilitate the fall into the visual abyss accompanied by a certain silencing of speech. The pictures offer resistance against being written to pieces. They do not refuse being viewed but emanate the composure of the sea that patiently tolerates observation. Even the sharpest human eye has to capitulate before its expanse, and whatever man is able to lay up in his inner chambers or, with the aid of a photographic camera, in archives and portfolios, is a mere fraction of its morphological supply that moves the soul. A poet writing in naive terms might say about the sea: "Just look at me — if you are moved by anything, it is a gift from your own inner self." Lenart's images: One must begin, supposedly, with the overwhelming presence of the horizontal, that radical line the sea draws across all the pictures. There is something final to water. The sea, presenting itself as it does on Lenart's photographs, raises that quality to an approximation of absolute revelation. Sounds like a sounding brass? Yet it cannot be denied that water must, in a perfectly just way, level out any unevenness. Think of a levelling device! Builders are content when their endeavors of horizontality and verticality are at level with the surface of water. Basically, these pictures are confrontations of lines; this intention is made more visible by their black-and-white character. What man can contribute to this confrontation — a will in opposition to the simple horizontal line of the sea —, are verticals along the shore. In its limitation, the vertical appears somewhat pitiful. Not that it refuses the photograph its part, proving its good intention by discernibility. What else can man wish to do? His task is to create limitations. Hence the sea's offer: "If you please, you can ride." In the final analysis, the identity of oceanic and human will results in bribery. The elegant white pleasure steamer adorns the sea like an ivory broche adorns dark satin. That is what the sea likes. In the human imagination, it has got feminine traits. Of course "The Rocks" are impressive. Certainly "Heavy Rock on Sea" would be a catchy title for an LP, an umbrella under which an Irish or Breton rock band could hammer out masses of heroic poetry. "Throughout all times", the stones are pounding, "we have remained the same. We have conquered a shapeless Celtic elegance by allowing the sea, and no one but the sea, to shape us." The sea says it will gladly take responsibility for things it needs not worry about. Whether these granites now look like petrified whales with painful smiles or like a walrus cemetary signed by Andy Warhol — to the water it is all the same. Its own attraction will only increase. An aesthetic counterpart that will, to some degree, match the sea, are the natural phenomena along its shore. After all, the solid tree trunks along the beach, the winding, intertwining lines of filigree coppice against the backdrop of the sea testify of a primeval creative and formative power. The powers of nature paint along the bottom of the canvas of air, a space divided into fields of tension and relaxation, rhythmically structured by concentration and deconcentration — vegetative nature posing as an informal painter of absolute contingency and, consequently, of convincing credibility. Or that mighty bough of leaves reaching into the picture from the upper left — does it not appear as a composed gesture of equality, telling the sea of the beauties of the land? The graceful female statue with the bird on its hand in the lower left corner is like an ironic counterpoint waving to the intention of the stroke of leaves. As in all matters of nature, man's position is somewhat problematic also in Branko Lenart's pictures. Faced by such majesty, man's position is naturally one of minimication. A Micky-Mouse-like naiveté seems to be the ideology of the figures clambering and splashing about; their self-assertion and admiration seems touchingly ridiculous. The black silhouette of a man lost in contemplation and framed by unconcerned chalk rocks seems to speak of futile reflection. The attitude of a girl in the square corner of two joining walls also appears to be an expression of wistfullness, obviously the only adequate reaction of the soul to infinite open spaces. It is not by chance that Nikolaus Lenau made the Hungarian puszta the setting of his melancholy verses. The two old people on the bench are good for a little playfulness. Their white tufts of hair are repeated in light cloudy wafts in a not-too-high sky. The photographer is so impressed by the child-like carefree attitude of a pair of infantes facing the sea that he includes himself in the picture, if only as a shadow. The confrontation between man and sea is revealed most impressively by a sepulchre. The pomp of a burial shrine, flanked by religious symbols, is turned into a sign of intense, but rather lustful senselessness. And that is, after all, an important part of man's actual self — impregnating the earth with traces of his sense of senselessness.

ALFRED PAUL SCHMIDT, 1979 (ABRIDGED)

Opatija, 1978

Mani, 1978

Piran, 1975

Piran, 1975

HOREFTON, 1975

Piran, 1975

Piran, 1975

MEDVEJA, 1978

St. Malo, 1976

VISIONS IN REALITY

1975 - 1978

Bilder - Wirklichkeiten

Unter Branko Lenarts Bildern sind solche: Dokumentarisch, handwerklich präzise, nüchtern, sie bieten keine ästhetischen Illusionen. Aber neben der Überzeugungskraft, die den Mythos der Fotografie als Dokumentation aufgreift, ist da die Irritation durch den Gegenstand, die Perspektive … . Hier stößt der Betrachter auf die "Konstruktion von Wirklichkeit". Branko Lenarts Handwerk ist die Fotografie, meines die Psychologie - ich verwende psychologische Argumente.

WIRKLICHKEITEN sind zunächst Vertrautheiten: Wie es ist, kommen mußte und sicher sein wird. Daß man das tut und jenes nicht. In diesen Wirklichkeiten und ihrem manchmal zweifelhaften Status hat man sich eingerichtet. Aber gibt es nicht hinter den Regelungen der allgemeinen Meinung die "wirkliche Wirklichkeit", kann man die nicht *objektiv* erfassen? Auch die Zuflucht der nicht mehr theozentrischen Welt, die Wissenschaft, kann uns nur Bilder geben, die man sich von der Welt macht. Als Gebrauchsanweisungen funktionieren sie mehr oder weniger - wir benutzen sie, bis wir etwas Besseres haben.

Das ist so, weil die Erkenntnis der Wirklichkeit auf *menschlichen Aktivitäten* beruht. In jedem Beobachtungsergebnis ist auch die Aktivität des Beobachters enthalten: Was er beobachtet, daß er es tut. Solange die Ergebnisse brauchbar sind, kann man die Tatsache der Beobachtung gut unberücksichtigt lassen. Das aber fördert eine Art magischen Denkens, die Wirklichkeit durch die richtigen Methoden am Schlafittchen packen zu können. Daß wir in den Erkenntnisprozeß zunehmend Maschinen einbauen, die zwischen unserer Wahrnehmung und den Objekten stehen, fördert dieses Denken. Wir leben in einer physikalischen, biologischen Welt, aber: vermittels der Bilder, die wir uns von ihr machen - sie leiten das Handeln und wirken auf die Wirklichkeit ein. "Aber gibt es nicht doch..?" Außer durch Bücherwerfen[1] kann ich meine Position auch so verteidigen: Ist der Gedanke, die eigene Wirklichkeit selbst - nicht unbedingt freiwillig - herzustellen, bedrängend ob der *Verantwortlichkeit* hierfür?

WIRKLICHKEITEN UND WAS MAN SEHEN KANN. Die Fotografie als Abbild, die Kamera als Zugang zur Wirklichkeit - das entspricht also dem Denken über unser Verhältnis zur Welt. Die Fotografie als Metapher: Man hat Filmrisse, innere Fotoalben, erinnert sich fotografisch genau usw. Man ist "im falschen Film", wenn der Urlaubsort nicht aussieht wie im Prospekt. Ich verwende daher den Ausdruck Bilder so: Für materiale Bilder (z. B. Fotografien) und für gedankliche Konstruktionen, die als zutreffende Abbilder der Welt genommen werden. Zur Analogie kommt die besondere Wirksamkeit: In einer psychologischen Untersuchung wurde ein ungewöhnlicher Wohnraum hergestellt (z. B. ist der Boden schief). Die Teilnehmer blickten durch ein kleines Loch in den Raum, konnten so seine Beschaffenheit nicht feststellen. Was sonst vertraut ist, daß ein näherkommender Mensch größer erscheint, wird zum Horrortrip: Ein Riese marschiert auf einen zu.

WIE SICH MENSCHEN VONEINANDER BILDER MACHEN. Ein Beispiel handelt von Jobinterviews in den U.S.A. Weiße nehmen oft an, daß schwarze Bewerber weniger qualifiziert seien. In Experimenten zeigte sich, daß schwarze Bewerber zurückhaltender behandelt werden als weiße - die verhalten sich dann weniger vorteilhaft. Wenn Interviewer glauben, ein Bewerber sei extrovertiert, drängen sie ihn durch manipulative Fragen zu einem solchen Verhalten. Nach einem solchen Interview halten sich die Bewerber selbst für extrovertierter als zuvor.

Wenns ans Leben geht: Im Voodoo-Kult kommt es vor, daß ein Dorfbewohner als todgeweiht bezeichnet wird. Er stirbt dann bald, ohne daß Krankheiten oder Beschädigungen vorlägen. Das Dorf hält ihn für moribund, er sich selbst auch. Man grüßt ihn nicht mehr, sieht durch ihn hindurch. Sein Verhalten wird bizarr werden, gegenseitig verstärken sich die Annahmen über den baldigen Tod. Der Streß in solcher Situation ist extrem.

Die Meinungen über Menschen sind nicht bloß wahr oder falsch: Sie sind Aktivitäten und wirken auf die, von denen sie handeln, zurück - auch dadurch können sie (müssen nicht) wahr werden.

FALSCHE, WAHRE, ANDERE BILDER. Sind nun einige Bilder falsch und durch bessere zu ersetzen? Wohl nicht. Nimmt man den Gedanken ernst, daß wir die Welt aktiv für uns selbst so erschaffen, wie sie uns erscheint, kann man die Möglichkeit anderer Bilder gewinnen. Das heißt z. B. in der Psychotherapie mit einem Klienten zu prüfen, ob seine Art, sich Bilder von Menschen zu machen und danach zu handeln, ihn ausreichend glücklich macht. Halte die Leute für freundlich: viele werden es sein - für böse: Du wirst in Tiefgaragen deine Peiniger durch dein über-die-Schulter-Schauen herbeirufen.

Man kann sich auch der Kunst hingeben wie Branko Lenart: Das Vertraute wird Gegenstand der fotografischen Arbeit. Die Besonderheit der Fotografie liegt im Festhalten des Eindrucks. Die Annahme, daß Fotografien unserer visuellen Wahrnehmung analog wären, ist falsch: Wir leben in einem Strom von Eindrücken, die für uns bestehende Konstanz der Menschen, Gegenstände ist eine komplexe Leistung der Schematisierung, mit der wir Ordnung und Übersicht herstellen. Fotografien dagegen halten diesen *Augen-Blick* fest, wie wir es nicht können.

Der erste Schock "Was - das soll das sein? So ist es nicht" ist der Beginn, sich der eigenen fraglosen Bilder der Wirklichkeit klarer zu werden. Möglich ist auch der Rückzug auf den Fotografen: Er hat die Kamera hinterlistig betätigt - Rückzugsgefecht beim Festhalten an (Seh-, Denk-, Lebens-) Gewohnheiten. "So geht es auch?" wäre die Frage, mit der man sich Alternativen nähert: Bisher übersehenen.

Zugänge zu den Lenartschen Visionen: Beginne z.B. mit "Einbruch des Okkulten in den Alltag". Wie entzauberst du - wie rekonstruierst du die Herstellung des Bildes, mit welcher Lösung bist du zufrieden? Oder: "Drudel". Ist es schade, daß die Lösung nicht mitabgedruckt ist, warum ist genau wissen so wichtig? "Lästerung": Was brauchst du ungelästert? "Blödsinn, ist doch bloß Spielerei!" Wer darf spielen und wer nicht, in diesem deinem ach so ernsten Leben? Und frag dich, wenn du die Bilder so gedreht hast, daß du sie einpassen kannst in deine Sicht oder sie endgültig als irrelevant verworfen hast, was du damit für dich erreicht hast: *Was hast du vermieden?*

Dem Laien widerfährt hin und wieder das Glück, durch einen kuriosen Schnappschuß Einblick in seine Alltagsfabrikationen zu gewinnen. Der Profi erliegt nur zu leicht der Präzision seiner Maschine als Wunscherfüllungsgerät: Schönheiten rundum oder exklusiv das Objekt am Pulsschlag der Zeit. Kunst wird die Sache, wenn der allgemeine Vorgang des Bildermachens selbst zum Gegenstand wird. Visions in Reality: Hinweise auf neue Wege, die Welt und uns zu sehen.

THOMAS SCHWINGER (1991)

[1] *Siehe Literaturverzeichnis / References.*

Images - Realities

Among Branko Lenart´s pictures are those of documentary character, of sobriety and technical precision, no aesthetic illusion being offered. But besides the persuasive power that alludes to the myth of photography as documentation, there is the irritation by the subject, the perspective... This is where the spectator is confronted with the "construction of reality". Branko Lenart's profession is photography, mine psychology - I will use psychological arguments.

REALITIES refer in the first place to familiarities - the way it is, the way it had to be, the way it surely will be. And: How to behave. Among these realities with their sometimes doubtful status we have made ourselves at home. But is there not, behind the rules of general opinion, a "real reality", e.g. physical reality - cannot it be captured objectively? No - even the sciences, the refuge of a no longer theocentric world, can offer nothing more but images we make of the world. As operating instructions, they are more or less useful - we use them until we have found better ones.

Knowledge of reality is based on *human* acts. Results of observation will always include the act of the observer: his choice of what to observe and to observe at all. As long as useful results are reached, the fact of observation can be neglected. This neglection, however, spawns a sort of magical thinking: that one can grasp reality just by applying correct methods. This thought is further encouraged by our increasing use of machines placed between objects and ourselves. Yes, we are living in a physical, a biological world, but we do so by means of images we make of this world - these images will guide our acts and will influence reality.

"But isn't there, after all...?" This conception of reality may be puzzling and uncomfortable. In addition to some basic references [1] let me say something about the uneasiness of this conception: It seems to be uncomfortable to recognize the *responsibility* for one's own world implied in the idea of a self created reality.

REALITIES AND VISIBILITY. Common sense conceives of our relation to the world in analogy to photography: the results are after-images, the camera has direct access to reality. (Think of the metaphorical use of photography: we are talking about an inner photo album or photographic memory.) This is why I use the term "image" for material pictures (e.g. photographs) as well as for mental constructions that are taken as fitting after-images of the world. In addition to the analogy there is a special effectiveness of visual information, exemplified in a psychological study: An unusual living room was constructed with a slanting floor. The subjects looked into the room through a small hole - thereby being unable to detect its special construction. The familiar perception of an approaching person - growing larger and larger - changed to an experience of horror: A giant was walking upon the viewer.

HOW HUMANS CREATE IMAGES OF EACH OTHER. The following examples deal with job interviews in the U.S. Whites often expect black applicants to be less qualified. Experiments have shown blacks to be treated with more reservation than whites, with the result that they act less to their own advantage. Furthermore, when an interviewer believes an applicant to be an extrovert he will provoke extrovert behavior by asking manipulative questions. And after such an interview the applicant sees himself as more of an extrovert than before!

Another example: One possible result of Voodoo ceremonies is the prediction that demons will make a certain person die. The respective person will die - neither disease or injury being involved. The villagers regard him as moribund, and so does he. The person will not be greeted any more, will be treated as invisible, etc - thereby his behavior becomes bizarre. The joint expectations of his imminent dicease will be confirmed mutually. Stress in such a situation is extreme...

Opinions about people are not just true or false. They are acts and have an impact on those concerned, sometimes in a self-fulfilling manner.

IMAGES: FALSE OR TRUE OR OTHERWISE. Is it correct that some images are false and just have to be replaced by the true ones? If one accepts the idea that we create our own world the way it appears to us, there is an alternative answer: Other images. What is meant by "other images"? In psychotherapy, for instance, it means to explore together with the client whether his way of creating images of other people makes him sufficiently happy. Consider people to be friendly, and they will be friendly; think of them as evil and you will draw aggressions e.g. by gazing over your shoulder in the underground parking lot.

One can also give oneself to art as Branko Lenart does: The familiar becomes the subject of photographic work. What will happen? The specific trait of photography is the fixation of impression. Photography is not analogue to our visual perception. We are living within a stream of impressions. The seeming permanence of people and things is achieved by a complex process of schematic abstraction allowing us to create order, perspective, and control. Photographs, on the other hand, are fixing momentary views in a way humans cannot do.

The first shock "What? This is it? That's not the way it is!" is just the first step towards recognizing your own unquestioned images of reality. One option is going back to the photographer: He has used his camera in a tricky way. Making use of this option is an attempt to cling to old habits (of seeing, thinking, living). In contrast, "So, this is possible, too?", is the question which allows an approach to alternatives - alternatives that have been overlooked heretofore.

Let me propose some approaches to Lenart's "Visions". Maybe you could start with "Something Occult Invades Every Day Life". How do you demystify, how do you reconstruct the creation of the photograph, what solution will be satisfying? Or "Drudel". Is it a drawback that no right solution is offered? Why is it so important to know things exactly? "Heresy": What do you need free of heresy? "Nonsense - it's just fooling around!" Who is allowed to play and who is not in your, oh so serious, life? And when you come to an end - by rotating these images until they fit your perspective or by rejecting them as irrelevant - ask yourself, what you have achieved: What have you managed to avoid?

The amateur is sometimes lucky enough to gain an insight in his way of fabricating his everyday life by a curious snapshot. The professional all too easily falls prey to the precision of his machine as a tool of wish-fulfillment: Beauty all around or the lens right on the pulse of time. Taking the general process of image-construction as topic, means doing art. Visions of Reality: Hints at new ways of seeing the world and ourselves.

THOMAS SCHWINGER (1991)

[1] LITERATURVERZEICHNIS / REFERENCES

BERGER, P. L. & LUCKMANN, T. (1969). Die gesellschaftliche Konstruktion der Wirklichkeit. Frankfurt/M.: Fischer

KELLY, G. A. (1955). The psychology of personal constructs. (2 Bände). New York: Norton

NORTON NEISSER, U. (1979) Kognition und Wirklichkeit. Stuttgart: Klett-Cotta

WATZLAWICK, P. (HRSG.) (1984) Die erfundene Wirklichkeit. Wie wissen wir, was wir zu wissen glauben? Beiträge zum Konstruktivismus. München: Piper

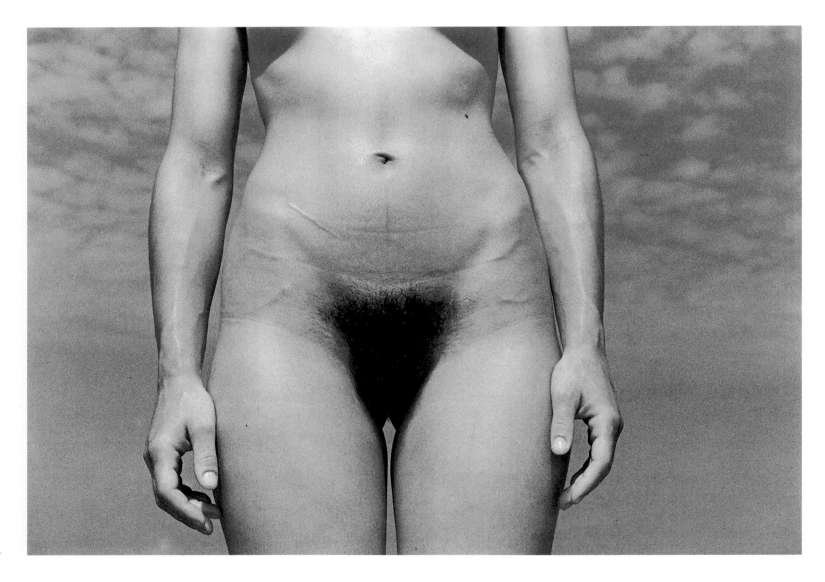

SUBJEKTIVE TOPOGRAPHIE

1979 - 1983

Existentiell-topographische Chronik

Ist der Dokumentarismus das Wesen des Mediums Fotografie? Alle Theoretiker und Fachleute der visuellen Kunstgattungen seit Niepce haben sich irgendeinmal diese Frage stellen müssen. Diese Frage ist sogar in der Gegenwart wieder neu aufgeworfen worden und der Dokumentarismus scheint sich als eine der beständigsten Tendenzen unserer Zeit zu erweisen. Aus diesem Grunde muß man damit beginnen, die verschiedenen Schattierungen voneinander zu trennen, das heißt die besonderen Formen der Ausübung dieses Dokumentarismus.

Branko Lenart hat sich, wie viele andere Vertreter seiner Generation erst später dem Dokumentarismus zugewandt. Die Tatsache, daß er sich früher mehr mit experimentellen kreativen Formen befaßt hat, verleiht jetzt seiner Arbeit mit der Kamara mehr Subjektivismus.

Lenart bezeichnet seine Arbeiten als "Subjektive Topographie" und damit verdeutlicht er, daß die Einführung des Dokumentarismus in keiner Weise die alte Polemik zwischen Objektivismus und Subjektivismus beseitigt, sondern sie nur auf ein anderes Niveau verlagert hat. Auf ein Niveau, bei dem ein Extrem von denen vertreten wäre, die für die totale Neutralität der Kamera sind ("...the effort being made to let the camera almost see by itself", Bevan Davies), und das andere von denen, die eine persönliche Wechselwirkung zwischen Thema und Autor fordern. Der Unterschied wird von unserer Bewertung des Wortes "almost" abhängen.

In diesem Panorama ist die Arbeit von Branko Lenart eine Annäherung an das, was ich als eine "existentiell-topographische Chronik" bezeichnen möchte. Ich meine damit, daß wohl eine deskriptive Absicht einer Natur- und Stadttopographie da ist, aber daß über einen bloßen Formalismus oder eine bloße ästhetische Wirkung hinaus die existentielle Umgebung des Autors zum Ausdruck gebracht wird. Deshalb haben wir es eher mit einer Interpretation der Realität als mit ihrer bloßen Reproduktion zu tun. Es ist klar, daß jede Art von Fotografie eine interpretatorische Absicht impliziert, sogar die am offensichtlichsten reproduzierbare, aber bei Lenart tritt das noch stärker hervor, da er die konventionellen Regeln des Dokumentarismus - frontale Perspektive, Klarheit der Komposition, Abhebung der Figur vom Hintergrund - übertritt. Diese Regeln außer Acht zu lassen, um zum Beispiel zu visuell labyrinthischen Bildern zu kommen, mit einer chaotischen Dichte von Information, mit Zusammenballungen und Strukturen etc. heißt, die eigene Persönlichkeit zum Ausdruck zu bringen. Es bedeutet, sich von der Unterdrückung des Ausdrucks zu befreien, die den radikalen Dokumentarismus ausmacht.

JOAN FONTCUBERTA, 1982 (GEKÜRZT)

Existential-topographic History

Is documentation the essence of the photographic medium? Theoreticians and those versed in the visual arts after Niepce all must have asked themselves this question at one time or another. Recently the question has achieved a new currency, and documentalism appears to have found its place as one of the most solid tendencies of our time. And we must begin to separate the various degrees of documentalism which are being practiced.

Branko Lenart, like many others of his generation, is a late convert to documentalism. The fact that he was previously interested in more experimental creative forms has, without doubt, now left him with a greater subjectivism in the use he makes of the camera. Lenart designates his work as "subjective topography", and with that description he indicates that the establishment of documentalism has hardly supplanted the old polemic between objectivity and subjectivity. It has simply displaced it to another level - a level in which one of the extremes would be represented by those who advocate the total neutrality of the camera - as Bevan Davis says, "...the effort being made to let the camera almost see by itself" - and those who advocate a personal interaction between the theme and creator. The difference lies in the scope we give to the word "almost".

In this panorama, Branko Lenart's contribution comes close to what I would classify as "existential topographic history". I refer to something whose purpose is descriptive of a natural or urban topography, but which supersedes a mere formalism or the mere aesthetic effect of leaving constant the existential environment of the creator. Therefore we find ourselves looking at interpretations of reality rather than mere reproductions. It is obvious that all photography, including the most apparent reproductions, implies an effort of interpretation, but in the case of Lenart it is so striking as to constitute a transgression of the conventional rules of traditional documentalism: frontal perspective, clarity of composition, distinction between figure and background, etc. To disobey these rules as Lenart does and, for example, to obtain labyrinthlike visual images, with a chaotic density of information, with a compactness of textures, etc., implies dominating the medium rather than allowing it to dominate. It implies, finally, a freedom of expression that radical documentalism represses.

JOAN FONTCUBERTA, 1982 (ABRIDGED)

Ptuj, 1980

Graz, 1980

Venezia, 1982

Lassnitzthal, 1983

DUBROVNIK, 1980

Graz, 1979

FREIBERG, 1982

Tito in Reproduktionen
Tito in Reproductions

1979 - 1987

Bei der Betrachtung von Branko Lenarts Arbeit "Tito in Reproduktionen", die Ambienti und Szenen nach dem Mai 1980 zeigt, kann ich nicht umhin, mich an die Zeitungen aus dieser Zeit nach Titos Tod zu erinnern, in denen ganze Berge von Fotografien veröffentlicht wurden: weinende Menschen, verlassene Straßen, spektakuläre Verabschiedungen, allgemeiner gesagt, Bilder der dramatischen Situationen, die mit diesem Ereignis verbunden waren. Viele dieser Bilder erschienen später in Buchform und nahezu alle enthalten sie die Elemente des Dramas, die ein solches Ereignis mit sich bringt.

Lenarts Portfolio ist vielleicht weiter vom aktuellen Ereignis selbst entfernt, obwohl es zu dieser Zeit begonnen wurde, aber näher der Sphäre des alltäglichen Lebens, das er erkundet, indem er den Brauch, daß sich Fotografien von Tito in öffentlichen Räumen befinden, als Symbol für die genaue Festlegung eines breiteren Kultur- und Lebenskreises verwendet.

Erst durch die Umfragen, die Friederike Lenart während der gemeinsamen Reisen mit Branko durchgeführt hat, kann eine direktere Verbindung mit dem Ereignis hergestellt werden, das den Autor inspirierte, in einen Bereich vorzudringen, der bei uns nicht ausreichend untersucht wurde. Denn bei uns ist man immer noch der Meinung, daß sich eine soziokulturelle Analyse mit drastischen Marginalszenen oder Exzessen auseinandersetzen muß, um ihre Berechtigung zu haben. Lenart hingegen entdeckt durch den Blickwinkel einer persönlichen Betrachtung des Lebens in nahezu archäologischer Manier jene Szenen, die in der Lage sind, bezeichnend über einen ausgewählten Aspekt des soziokulturellen Fundus und Charakters einer Region, ja einer ganzen Gesellschaft zu sprechen.

Für Lenart stellten Titos Reproduktionen, die sich an fast jedem öffentlichen Ort befinden, eine thematische Herausforderung dar, die es ihm einerseits ermöglichte, einen weitaus breiteren Raum zu erfassen, der andererseits wieder nur durch die Anwesenheit dieser Reproduktionen richtig festgelegt und verstanden werden kann. Wir möchten aber nicht, daß uns die Bedeutung des Themas so sehr fasziniert, daß wir darüber vergessen, daß hinter diesen Aufnahmen ein Autor steht mit einer persönlichen Weltanschauung, einer eigenen Ästhetik und einer Arbeitsweise, die ebenso unsere Aufmerksamkeit verdient. So transformierte Lenart seine Methode aus der Mitte der Siebziger, die durch den Artismus europäischer Tradition bestimmt war, in den Achtzigerjahren in eine Arbeitsweise, die alle Merkmale des amerikanischen Dokumentarismus aufweist, aber eine aus der konzeptuellen Tradition entstammende Annäherung an das Problem ebenso beinhaltet wie ein persönliches Erleben der Realität, das er in früheren Arbeiten als "subjektive Topographie" definierte und das sich sicher als wesentliche künstlerische Einstellung durch sein Werk zieht.

Slavko Timotijevič, 1984 (gekürzt)

Looking at Branko Lenart's "Tito in Reproductions", a photographic work about ambiences and scenes after Mai 1980, I cannot but recall the daily papers in those days after Tito's death that published a veritable flood of photographs: people in tears, spectacular farewells, images, generally, of dramatic situations in the wake of the event. Many of these images were later published in books, and nearly all of them contain elements of drama in connection with the historic moment.

Lenart's portfolio may be characterized by a greater distance from the events of the day, although it was begun at the time; it is closer, however, to the sphere of everyday life which he investigated via the custom of displaying photographs of Tito in public places, using it as a symbol for a precise definition of a more general sphere of culture and life.

A more immediate connection to the event that inspired the author's investigation of aspects of life that had hardly sufficiently been looked at in Yugoslavia — such a connection cannot be made without the survey taken by Friederike Lenart while travelling with Branko. In this country it is still a truism, after all, that a socio-cultural analysis, in order to be justified, must focus on dramatic marginal scenes or excesses. Lenart, on the other hand, discovers from the vantage point of personal observation of life in an almost archeological manner scenes capable of mediating selected aspects of a region's or even an entire society's socio-cultural wealth and character. To Lenart, the Tito reproductions displayed at practically any public place were a challenge that enabled him to record a much wider space that can, in turn, only be correctly defined and comprehended by means of these public images. Yet we do not want the impact of the topic to fascinate us to the extent that we might forget the fact of an author behind these pictures — an author with a personal view of the world, with his own aesthetics and his own working technique that also deserves our attention. During the eighties, Lenart thus transferred his mid-seventies method defined by the artism of European tradition to a method that shows all characteristics of American documentarism while it includes an approach to the problem inherited from the conceptual tradition as well as a personal experience of reality which he defined, in earlier works, as "subjective topography" and which seems to run through his entire oeuvre as an essential artistic attitude.

SLAVKO TIMOTIJEVIČ, 1984 (ABRIDGED)

Trogir, 1980

Wie Tito gestorben ist, das war für uns eine fürchterliche Zeit. Wir haben nichts gesprochen, wir haben nichts gegessen, wir haben nur geweint.
When Tito died, that was a terrible time for us. We did not speak, we did not eat, we just wept.

Dubrovnik, 1980

Es mußte niemand sagen: "Jetzt ist drei Tage Trauer" oder so. Es war einfach. Es war fast niemand auf der Straße, es war still und man spürte eine bedrückende Spannung und Trauer.

No-one had to say: "There will be three days of mourning now", or anything of the kind. It was simply so. There was hardly anyone in the streets, it was quiet and one could feel an oppressive tension and sadness.

Krkavče, 1983

Warum wir ein Bild von Tito hier hängen haben? Ich weiß nicht, da in der Ecke haben wir das Kreuz, warum also nicht auch ein Bild von Tito?
Why do we have a picture of Tito hanging here? I don't know, there in the corner we have a crucifix, so why not have a picture of Tito as well.

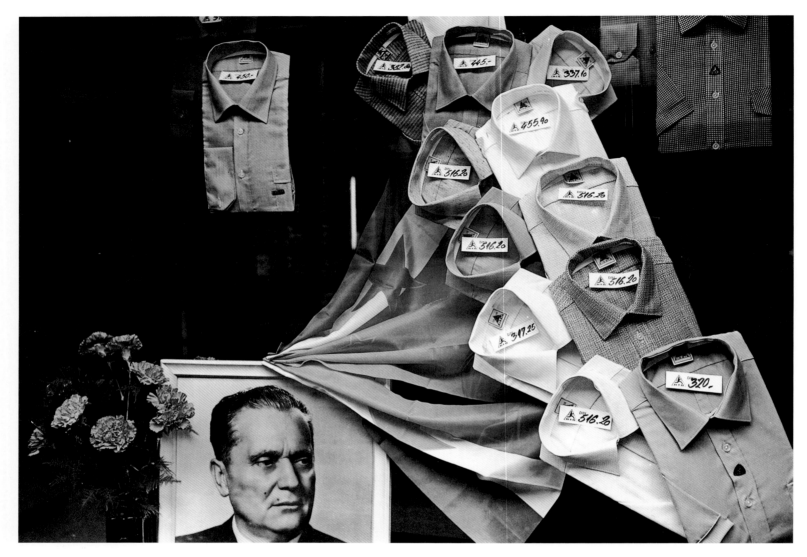

ZAGREB, 1981

Er war ein guter Herr, aber für die Bauern hat er zu wenig getan, er hat sich nicht um sie gekümmert. Es geht uns schon besser als vorher, aber es müßte uns noch besser gehen.

He was a good master, but he did too little for the peasants, he ignored them. Yes, we are doing better now than we used to, but we ought to be doing better still.

Trenta, 1980

Ich bin sehr froh, daß ich dieses kleine Wochenendhäuschen am Land habe, denn wenn Tito wirklich stirbt und vielleicht tatsächlich die Russen kommen oder wir sonst nicht mehr hinaus dürfen, kann ich wenigstens dorthin.

I am very glad we have this little weekend house here in the country, because if Tito dies and maybe the Russians really come or we can't leave the country any more, I have at least this place to go.

MILLERTON-PROJECT

1980

Millerton ist ein Ort mit ca. 1200 Einwohnern in Dutchess County im Bundesstaat New York und liegt zwei Autostunden nördlich von New York City. Im nahegelegenen Workshopcenter Apeiron war Branko im Sommer 1980 als artist-in- residence eingeladen. In den knapp zwei Monaten haben wir gemeinsam versucht, etwas über die Menschen in diesem Ort, ihr Leben, ihre Ansichten zu erfahren und soviel als möglich davon mit der Kamera bzw. mit dem Kugelschreiber festzuhalten. Für uns war es erstaunlich leicht, mit den Bewohnern in Kontakt zu kommen, die Zeit war eher viel zu kurz, um den vielen Einladungen überhaupt nachzukommen.

Das gesamte Projekt umfaßt dreißig Familien aus verschiedensten Bevölkerungsgruppen, deren Leben (Familie, Beruf, Wohnung, Freizeit etc.) in je fünf bis elf Bildern dokumentiert wird. Die vollständige Arbeit besteht aus 220 Fotografien sowie 50 Blättern Text.

Die Textinformationen über die einzelnen Familien wurden von den Leuten selbst dezidiert im Hinblick auf eine mögliche Veröffentlichung gegeben, andere für uns interessante Aussagen, die im Rahmen persönlicher Kontakte und Gespräche gefallen sind, haben wir anonym als Statements zu verschiedenen Themen Rassendiskriminierung, Kinder, Innenpolitik etc.) zusammengestellt.

FRIEDERIKE LENART (1981)

Millerton is a village of about 1200 inhabitants in Dutchess County in New York, a two hours' drive north of New York City. In the summer of 1980 Branko was invited to stay in the nearby Workshop Center Apeiron as artist-in-residence. In those two short months the two of us tried to learn something about the people in that village, about their lives and attitudes and to capture as much of their reality as possible by means of the camera and the pen. We found it surprisingly easy to get into contact with the inhabitants; our time was rather too short to accept the numerous invitations.

The entire project comprises thirty families from various sociological backgrounds, whose lives (family, job, home, spare time etc.) are documented by five to eleven pictures each. The whole body of work consists of 220 photographs and 50 pages of text.

The written information about the individual families was given by the people themselves; other interesting quotes from our personal talks and contacts are added as anonymous statements covering various topics (race- discrimination , children, domestic politics etc.).

FRIEDERIKE LENART (1981)

Larry & Jackie Merwin

Larry, 28, ist seit vier Jahren Village Superintendant und in dieser Eigenschaft für Wasser, Bäume, Gehsteige, Straßen, Schwimmbad und alle gemeindeeigenen Maschinen verantwortlich. Er ist bei der Feuerwehr und EMT (Emergency Medical Technican) bei der Ambulanz. Seine Hobbies sind die Jagd und Gewehre, für die er auch die Munition im Eigenbau produziert. Das Blockhaus hat er mit seinem Vater selbst gebaut. Jackie, 26, ist zu Hause und beschäftigt sich am liebsten mit Nähen, Gartenarbeit und Sohn Steven, 4 Monate.

Larry, 28, has been a village superintendent for four years. As such he is responsible for the water supply, trees, sidewalks, roads, the swimming pool and all machinery owned by the community. He is a member of the fire brigade and an EMT (emergency medical technican) at the local day clinic. His hobbies are hunting and guns, and he produces his own ammunition. The timber house was built by himself and his father. Jackie, 26, stays at home and enjoys sewing, garden work and their four month old son Stephen.

Michael & Bunnie Valentine

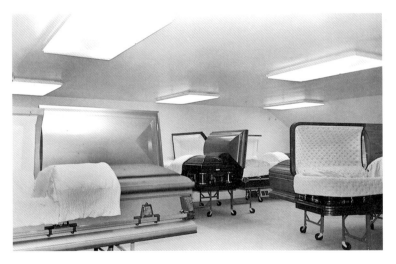

Michael (Dick), 45, hat ein Bestattungsunternehmen (seit 1875 im Besitz der Familie) mit eigenem Funeral Home, in dem die Verblichenen in stilvollem Rahmen aufgebahrt werden. Er graviert auch die Grabsteine selbst. Seine liebste Beschäftigung ist die Arbeit am Puppenhaus für seine Tochter Libby. Bunnie, 36, ist Hausfrau. Die beiden sind seit zwei Jahren verheiratet. Da Dick wegen seines Berufes (es könnte ja jederzeit jemand sterben) nicht in Urlaub fahren kann, hat er im und um das Haus viele Möglichkeiten für Freizeitaktivitäten eingerichtet.

Michael (Dick), 45, owns an undertaking business (run by his family since 1875) with his own funeral home where the beloved are laid up in style. He even carves the gravestones himself. His favourite occupation is working on his daughter Libby's doll house. Bunnie, 36, is a housewife. The two have been married for two years. Since Dick cannot go away for vacations (people can die any time), he has furnished his house and garden for leisure activities.

Mike Shea (Grady)

Grady, 24, ist arbeitslos und lebt seit vier Jahren in Millerton. Derzeit wohnt er bei seiner Freundin und deren Schwester. Er ist ledig und hat einen vier Jahre alten Sohn Michael. Seine große Leidenschaft ist das Motorrad, das er jedes Jahr einmal in seine Bestandteile zerlegt, putzt und wieder zusammensetzt. Jetzt gerade steht der Rahmen in der Küche, der Motor liegt neben dem Bett. Er fuhr früher (bis vor einem halben Jahr) mit einem Motorradclub, nun ist er lieber allein oder nur mit Freunden unterwegs. Er mag Tiere sehr gerne und hat zwei große Hunde, einige Schnecken und eine Vogelspinne.

Grady, 24, is unemployed, he moved to Millerton four years ago. At present he lives with his girlfriend and her sister. He is not married and has a four-year-old son Michael. His greatest passion is his motorbike, which he redoes once a year: he takes it apart, cleans it all and puts it together again. Right now the frame is standing in the kitchen, while the motor is lying beside his bed. Until half a year ago he used to ride his bike as a member of a motorbike club; now he prefers riding alone or with his friends. He likes animals and has two big dogs, some snails and a big spider.

Robert & Encarnita Quinlan

Robert, 47, hat ein Real Estate Development in New York City, das heißt er kauft Häuser, bezahlt die Renovierung und vermietet sie dann. Encarnita, 35, kommt aus Puerto Rico. Sie wurde am Sacre Coeur in Frankreich erzogen und hat dann in Amerika studiert. Sie haben zwei Kinder, Christopher, 9, und Timothy, 3 1/2. Dieses Haus, in dem sie den Sommer über wohnen, ist ein 1903 erbautes Palladium-Haus im Viktorianischen Stil mit Namen Hiddenhurst. Es hat zehn Schlafzimmer, ein riesiges Treppenhaus und einen großen Park rundherum. Das Haus wird betreut von Amada Ovalle, 52, die vor zweiundzwanzig Jahren illegal aus der Dominikanischen Republik eingewandert ist. Seit fünf Jahren ist sie bei den Quinlans. Sie spricht noch immer kaum ein Wort Englisch.

Robert, 47, has a real estate development business in New York City: he buys houses, does them up and lets them. Encarnita, 35, comes from Puerto Rico. She was educated at the Sacre Coeur in Paris and then came to the U.S. to study. They have two children: Christopher, 9, and Timothy, 3 1/2. This house, which is their summer residence, is a Victorian-style palladium house built in 1903 called Hiddenhurst. It has ten bedrooms, a huge hall, a large park around it and provides a lot of comfort. The house is looked after by Amada Ovalle, 52, who immigrated illegaly from the Dominican Republic 22 years ago. She has been with the Quinlans for five years. To this day her English is almost not existent.

Einige Anonyme Aussagen

Ich habe immer eine Waffe bei mir. Das ist meine Privatsache.

Im Bach vor dem Haus hat sich eine Biberfamilie angesiedelt. Am ersten Tag der Jagdsaison hat er sie sofort erlegt - direkt vor seinem Haus.

Wenn du so ausschaust wie ich, kannst du nicht unbewaffnet wegfahren.

Ich bin einmal auf der Straße gegangen und ein Polizeiauto ist sofort stehengeblieben und hat mich kontrolliert. Du fällst einfach auf, wenn du zu Fuß gehst.

Wenn du neu bei einem Motorradclub anfängst, bist du der letzte Dreck. Du kannst dich Arschficken lassen und die ganze Dreckarbeit machen. Mich interessiert das nicht mehr.

Dieses Sozialsystem ist einfach lächerlich. Die Typen brauchen nicht einmal mehr mit dem Cadillac vorfahren, um ihre Unterstützung abzuholen. Sie sagen, das ist diskriminierend. Jetzt wird es ihnen auf ihr Konto überwiesen. Und wir müssen diese faulen Hundesöhne erhalten.

Weißt du, was das für Leute sind, die die amerikanische Fahne vor dem Haus haben? Das sind Faschisten!

Ich habe viel zu jung geheiratet. Ich war sechzehn. Mit achtzehn war ich schon geschieden und hatte zwei Kinder.

Dort könnt ihr nicht hingehen. Das ist viel zu gefährlich. Weißt du, diese Leute, die kennen kein Gesetz. Sie arbeiten nicht und treiben's mit ihren Kindern.

Warum so viele Leute hier so dick sind? Die fressen zu viel und nur Dreck - die sind so dumm, daß sie nicht einmal wissen, wovon sie fett werden.

Die Information in unserem Land ist absolut von den Rockefellers gesteuert. Wir erfahren überhaupt nichts, was die uns nicht wissen lassen wollen.

Sag mir, was ist damals in Chile wirklich passiert? Wir haben nur erfahren, daß da irgendwie eine kommunistische Regierung war und daß das für die Leute dort schlecht war.

Hier kannst du immer noch alles machen, wenn du sagst es ist notwendig im Kampf gegen den Kommunismus.

Ich möchte nicht wissen, wie es bei uns sein wird, wenn Reagan gewinnt. Du brauchst dir nur anzuschauen, wie gewalttätig die Polizei jetzt schon ist. Was glaubst du, wie die erst stark werden, wenn Reagan gewinnt.

Die Sache mit Martin Luther King, das war entsetzlich. So wie damals mit John F. Kennedy. Ich bin sicher, wenn sie auf irgendeinen von diesen echten Idioten da oben schießen, der überlebt's sicher.

Ich möchte dich sehen, wenn diese schwarzen riesigen Rüpel dauernd dein Kind schlagen, ob du dann nicht auch getrennte Schulen haben möchtest.

Illegale Einwanderer sind die besten Dienstboten. Sie sind völlig abhängig.

Ich bin in Spanish Harlem aufgewachsen. Ich habe keine Rassendiskriminierung bemerkt, weil ich nur Farbige gesehen habe. Erst in der High School ist mir bewußt geworden, daß es einen Unterschied gibt.

Ich bin erst einmal vergewaltigt worden. Aber nicht in New York City, sondern in einer Kleinstadt.

Ich habe mit A. (vierjähriger Sohn) einen Intelligenztest gemacht. Ich bin sehr froh, daß er clever ist. Man kann hier nur überleben, wenn man clever ist.

Some Anonymous Statements

I always carry a gun. That's my private matter.

A beaver family settled in the creek in front of the house. He shot them right on the first day of the hunting season - right in front of his house.

If you look like I do you can't leave the house unarmed.

I walked along the road all by myself, and at once this police car pulled over and checked me out. You are conspicous when you're walking.

As a new-comer to a motor-bike club you are treated like dirt. You can have your ass fucked and do all the dirty work. I don't care for that any more.

This social system is just ridiculous. Nowadays these guys don't even have to drive over in their Cadillacs to pick up the dole. They say it's discriminating. So they get it transferred to their bank accounts. And we have to support the lazy sons-of-bitches.

You know what kind of people have the American flag in front of their houses? They are fascists!

I got married much too young. I was sixteen. At eighteen I was already divorced and had two kids.

You can't go there - much too dangerous! These people are totally lawless, you know. They don't work and they screw their own kids.

Why are so many people so fat around here? They eat too much and all junkfood - they are so dumb they don't even know what makes them fat.

Information in our country is absolutely manipulated by the Rockefellers. We don't get to know anything they don't want us to know.

Tell me what really happened in Chili. We only heard that there was some Communist government and that it was bad for the people there.

Here you can still do anything you want if you say it is necessary for fighting Communism.

I don't want to know what will happen here when Reagan wins. Just look how violent the police are already. Just think how much stronger they will become when Reagan wins.

The thing about Martin Luther King was awful. Just like with John F. Kennedy. I'm sure, If they shoot at one of those real idiots up there, he'll survive.

I'd like to see you when those huge black boors keep on hitting your child, if you wouldn't like segregated schools as well.

Illegal immigrants are the best domestic help. They are completely dependent.

I grew up in Spanish Harlem. I didn't see any race discrimination because there were just colored people around me. Only when I entered high school did I realize that there's a difference.

I've only been raped once so far. Not in New York City, but in a small town.

I've done an IQ-test with A. (four-year old son). I'm very glad he is clever. You can only survive here when you are clever.

114

Krkavče

ab/since 1981

1977 waren Branko und ich zum ersten Mal gemeinsam in Krkavče, einem kleinen Dorf im Landesinneren von Istrien. Es war überhaupt unsere erste gemeinsame Reise und wir fanden alles großartig - die alten Steinhäuser, die gastfreundlichen Menschen, den guten Wein und die schöne Gegend. In den folgenden Jahren kamen wir immer wieder. Wir schauten genauer, wir sahen mehr, wir entdeckten Altes, Anderes, Neues. Branko fotografierte, wir redeten mit den Leuten und mit jedem Mal veränderte sich unser Bild vom Dorf und seinen Bewohnern. Es wurde facettenreicher, bunter, differenzierter und verwirrender. Unsere Neugier wuchs und somit das Bedürfnis, mehr zu erfahren. Daraus entstand 1981 das Projekt Krkavče, an dem wir noch immer arbeiten. Es ist der Versuch, anhand von Fotografien und Text (Interviews) einige der stattgefundenen und stattfindenden, zum Teil dramatischen Veränderungen in diesem Dorf zu zeigen. Inzwischen ist unser Material auf mehr als tausend Fotografien und über hundert Seiten Interviewnotizen angewachsen - dank der großen Bereitschaft von zehn Familien aus Krkavče, uns an ihrem Leben Anteil nehmen zu lassen und viele ihrer Erfahrungen und Erinnerungen an uns weiterzugeben.

FRIEDERIKE LENART (1984)

In 1977 Branko and myself were in Krkavče, a little village in inland Istria, for the first time. It was our very first trip together and we found everything exciting — the old stone houses, the hospitable people, the good wine and the beautiful landscape. In the following years we came back again and again. We looked closer, we saw more and discovered old things as well as new. Branko took photographs, we talked to the people, and each time our image of the village and its inhabitants changed. It took on new facets, became more colorful and confusing. Our curiosity grew, we wanted to know more. This was the beginning of the Krkavče project, a project we are still working on. It is an attempt to demonstrate some of the dramatic changes that have taken place in this village by means of photographs and text (interviews). Meanwhile, our material has grown to more than a thousand photographs and more than one hundred pages of interview notes, thanks to the great willingness of ten families in Krkavče to let us participate in their lives and to share with us many of their experiences and memories.

FRIEDERIKE LENART (1984)

Krkavče hat etwa 250 Einwohner. Vor dem zweiten Weltkrieg waren es noch 800. Nach der Abstimmung von 1955, bei der Triest zu Italien kam und das bei Jugoslawien verbleibende Hinterland praktisch von seinem wirtschaftlichen und kulturellen Zentrum abgeschnitten wurde, wanderten über 500 Leute aus. Sie gingen hauptsächlich nach Italien (Triest) aber auch nach Kanada oder Australien.

Krkavče has about 250 inhabitants. Before World War II there still were 800. After the 1955 referendum when Trieste became part of Italy and the Yugoslavian hinterland was practically cut off from its economic and cultural center, 500 people emigrated. Most of them went to Italy (Trieste). Some went to Canada and Australia.

Zu Hause waren wir zehn Kinder und immer hungrig, zerrissen und bloßfüßig. Es war eine große Armut. Keine Arbeit, kein Geld, nichts zu essen. Am Abend haben wir unter der Treppe Maisstroh aufgeschüttet, da haben wir Kinder geschlafen.

At home we were ten children, always hungry, in rags and barefoot. There was great poverty, no work, no money, nothing to eat. At night we laid up corn straw under the stairs — this is where we, the children, slept.

Es ist besser, gleich ein neues Haus zu bauen und das alte verfallen zu lassen, sonst steckt man nur Geld hinein und es zahlt sich nicht aus, weil man nichts sieht.

It is better to build a new house and let the old one fall to pieces. Otherwise you only invest money and it's not worth it, because you don't see any difference.

Wir haben zwanzig Sorten Wein im Weingarten und lesen von Mitte Juli bis Ende November. Den meisten Wein verkaufen wir nach Triest.

We have got 20 different types of vines in our vineyard. The harvest is from mid July to the end of November. Most of our wine is delivered to Trieste.

Istrien war der schönste Platz auf der Welt und die Istrianer waren die fleißigsten Leute und haben die besten Erzeugnisse gehabt. Die Bosnier, die jetzt kommen, wissen nicht einmal, wie man Reben schneidet und bindet.

Istria was the most beautiful place in the world, and the Istrians were the most industrious people and had the best products. The Bosniacs who are coming now don't even know how to tie vines.

Wie wir unser Haus gebaut haben, haben alle Leute mitgeholfen. Das ist es, was eine Gemeinschaft ausmacht. Es ist so, daß ich hauptsächlich das Positive sehe und dann kommt es von den Leuten auch so zurück.

When we built our house, everybody came to help. This is what makes up a community. I try to mainly see the positive things, and then this is what I get back from the people.

Autos hat es keine gegeben, wir sind mit dem Esel gegangen. Erst nach dem zweiten Weltkrieg hat der erste hier im Dorf ein Auto gehabt, einen alten Mercedes.

There were no cars, we used donkeys. Only after World War II there was a man in the village who owned a car, an old Mercedes.

Auf die Dorffeste gehe ich nicht so gern. Die Musik gefällt mir nicht, man kann nur saufen. Da fahr' ich lieber in eine Disco hinunter an die Küste, dort kann ich mir die Musik aussuchen.

I don't really like to go to the village celebrations. I don't like the music, all you can do is drink. I'd rather drive down to the coast to go to a disco. There I can choose the music I like.

Vor zwanzig Jahren hat es noch 316 Kühe gegeben. Letztes Jahr waren es nur noch zwölf. Mit der künstlichen Befruchtung hat es oft nicht hingehaut und den Gemeindestier wollte niemand mehr halten, weil sie zu wenig Geld für das Futter bekommen haben.

Twenty years ago there still were 316 cows. Last year we had only 12. Artificial insemination often did not work, and no-one wanted to keep the community bull because they did not get paid enough to feed him.

Der Mutter geht es sehr schlecht. Sie kann zwar noch alles essen und trinkt auch Wein und Schnaps, aber sie ist trotzdem nur noch Haut und Knochen.

Mother is in very bad health. Although she can still eat everything and drink wine and brandy, she is all skin and bones.

Ich habe keine Schweine und Kühe mehr, nur den Hund und drei Katzen. Wenn es so trocken ist, gibt es zu wenig Futter für die Tiere.

I have no more pigs or cows, just the dog and three cats. When it is as dry as this, there is not enough to feed the animals.

HEIMATBILDER

1982-83

Heimat ist kein geographischer Begriff. Man trägt ihn in sich selbst. Heimkehr zu sich selbst, das ist Rückkehr in die Heimat.
ANDREJ SINJAWSKIJ

Die Heimatbilder sind persönliche Ambienti der sie bewohnenden Personen. Das Interieur ist sowohl Manifest der eigenen Bedürfnisse nach konkreter Heimat als auch ein soziales Dokument der Klischees vom "Schöner Wohnen". Sie sind unaustauschbar durch ihre Bewohner, welche durch Name, Alter, Beruf und Wohnsitz definiert werden. Die Bilder vermitteln eine selektive Realität, von mir subjektiv gesehen, auch durch den Umstand, daß es einen Bild-Ausschnitt der Heimat von Freunden und Bekannten vermittelt. Somit auch einen Teil meiner eigenen widerspiegelt.
BRANKO LENART, 1983

Home is not a geographic term. It is something you carry within you. Returning home means coming home to your own self.
ANDREJ SINJAWSKIJ

The home country pictures are personal ambientes of the people living there. The interior is a manifestation of the need of a specific home; it also documents "Better Homes" clichés. The interiors are unique because of the inhabitants who are identified by name, age, profession and place of residence. The pictures show a selective reality, subjectively seen by myself — subjective also in the sense that it mediates a segment of the homes of friends and acquaintances and thus a segment of my own home.
BRANKO LENART, 1983

Benito, 57 &
Marija 54,
Bauern/Peasants,
Puče

Didi, 16, Schülerin / Pupil, Graz

Ana, 60 & Ivan, 59,
Landwirte / Farmers,
Krkavče

126

GERNOT, 41,
HERAUSGEBER / EDIT
ST. STEFAN

Emmi, 33,
Hausfrau / Housewife
Klaus, 41, Architekt,
Leibnitz

Stand-Orte Dislokationen
Standing-Points Dislocations

1983 - 1985

Photography is not an art - photography is the art of perception.
Nathan Lyons

Ich glaube, daß der Mensch eine historische Verpflichtung gegenüber seiner Kultur im allgemeinen wie auch hinsichtlich der konkreten Zeit und Gesellschaft in der er lebt, hat. Daraus ergibt sich für mich eine wichtige Aufgabe der Fotografie, nämlich, das Erscheinungsbild der Kultur, Zeit und Gesellschaft zu dokumentieren.

Früher galt das Hauptinteresse meiner Fotografie dem Menschen (fotografiert in außergewöhnlichen Situationen). Nunmehr bin ich eher an allgemeinen Zusammenhängen interessiert, an den kulturellen Äußerungen von Menschen in ihrem individuellen Bereich sowie an den Veränderungen, die durch menschliches Eingreifen an unserer Umwelt geschehen.

In diesem Sinne begreife ich meine Arbeit sowohl als politisch (im weiteren Sinne) wie auch als eine soziologische Untersuchung mit visuellen Mitteln. Allerdings sehe ich sie nicht nur rein dokumentarisch etwa in dem Sinne, daß der Autor der Bilder nicht ersichtlich oder austauschbar wäre. Ich glaube, es ist nicht möglich (und auch gar nicht erstrebenswert), die Bilder völlig von der Persönlichkeit des Fotografen, von seinen persönlichen Erfahrungen und von der Art und Weise seiner Welt-Anschauung zu isolieren. Außerdem sollte in der Fotografie (wie im Leben) der magische und mythische Aspekt nicht völlig ausgeschlossen werden.
Branko Lenart (1982)

Photography is not an art - photography is the art of perception
Nathan Lyons

I believe that every man has a historical obligation to his culture in general as well as to the specific time and society in which he lives. Hence it follows - in my opinion - that an important function of photography is to document the manifestations of culture.

Formerly, the main interest in my photography was man portrayed in extraordinary situations. Now I am more interested in common situations, in man in his own individual domain, and in the world around us.

In this regard I see my work as political in a broad sense, as a sociological study with visual means. However, I don't regard my work as being only documentary in the sense that the authorship is invisible or interchangeable. I feel that it is not possible (or desirable) to isolate photography totally from the personality of the photographer, his individual experiences and his ideology. In my view, in photography as well as in reality, the magical and mythological aspect should not be excluded.
Branko Lenart (1982)

GRAZ, 1984

Venezia, 1984

Starigrad, 1984

Starigrad, 1984

STRASSENGEL, 1985

TRIEST-PROJEKT

Die Minderheiten / Minorities
1985

Ich bin in Triest geboren und nehme am städtischen Leben teil, aber gleichzeitig fühle ich mich als Karstbewohner. Ich bin im Land meiner Vorfahren tief verwurzelt. Ich glaube, daß es für einen Künstler wichtig ist, seine Wurzeln auch geografisch zu kennen, das heißt von wo er die Lymphe für seine Schöpfungen bezieht.

LOJZE SPACAL, SLOWENE

I was born in Trieste and participate in the city's life. Yet, at the same time I feel my home is the karst country — I am deeply rooted in the land of my progenitors. I believe it is important for an artist to know his roots also in geographic terms — the place where he draws the sap for his creations.

LOJZE SPACAL, SLOVENIAN

Ich glaube, daß die Einsamkeit eines der Dinge ist, die ich in Triest am meisten spüre, da ich wenige Freunde habe. Die meisten Triestiner sind sehr stolz auf ihre Stadt, sie empfinden sie als einzigartig und sind nicht immer bereit von einer anderen erzählen zu hören.

RUBY GASPARINI, ANGLIKANISCH

I think loneliness is one of the things I feel most in Trieste because I have few friends. Most Triestinians are very proud of their city. They regard it as unique and are not always prepared to listen to accounts of other places.

RUBY GASPARINI, ANGLICAN

Das Privileg, in Triest zu leben, besteht nicht nur darin, in einer bevorzugten Natur zu Füßen der Alpen zu leben, sondern auch frei seine politischen, künstlerischen und wirtschaftlichen Tätigkeiten entfalten zu können.

MARIO STOCK, JUDE

The privilege to live in Trieste does not only consist of living in a favoured natural landscape at the foot of the Alps but also in being free to dedicate oneself to political, artistic and economic activities.

MARIO STOCK, JEWISH

Augenwerke kryptogrammatisch
Optical Works cryptogrammatic
1982 - 1986

Je zwei Fotografien ordnet der Autor zu einem Paar, in deren Gesamtaussage und Beziehung das Einzelbild aufgehoben ist. Gewohnt, vom manifesten Inhalt einer Fotografie auszugehen, ist auf den ersten Blick zwischen einer Steinskulptur und schlafenden Personen in einem Park wenig Ähnlichkeit zu entdecken. Es fehlt der gemeinsame Rahmen, der beide Fotos als Teile einer bestimmten Umgebung, als Kontrastpaare oder als formal-künstlerische Entsprechung ausweisen würde.

Der zweite Blick enthüllt eine Analogie: schlafende, sich umarmende Paare. Doch das scheint nicht die Lösung der Fotos für den Betrachter zu sein; die Analyse beginnt erst jetzt oder aber sie ist von Beginn an spontan ins Auge gefallen. Es ist nicht die Gesamtaussage des Fotos, sondern ein kleiner Bereich, ein bestimmter Aspekt, eine Geste, der die Verbindung begründet. Roland Barthes hat in seinem letzten Buch "Die helle Kammer" vom "punctum" gesprochen, jenem Zufälligen in der Fotografie, das ihn neben dem allgemeinen Interesse subjektiv trifft, das ihn "besticht": ein kleines Element, das ein Foto aus der Masse der anderen heraushebt. Die Fotos von Branko Lenart scheinen ganz bewußt mit dieser Möglichkeit des Betrachters zu spielen. Die abgewinkelten Arme im einen Bildpaar könnten ein solches Punktum sein: schützend in der Steinplastik, offen und hingegeben bei der schlafenden Frau im Gras.

Der Autor nennt seine Fotos kryptogrammatisch; ein Kryptogramm bezeichnet eine geheime Botschaft, nur vom Wissenden zu entschlüsseln, die sich als allgemein verständlicher Text getarnt hat. Branko Lenart spielt mit diesem Titel offensichtlich auf den unmittelbar zutage tretenden Inhalt der Einzelfotos an, die aber eine für ihn wesentliche Bedeutung verborgen halten. Mit der Kombination von zwei Fotos gibt er uns den Schlüssel in die Hand, um das Kryptogramm aufzulösen. Nicht der Rekurs auf Umfeldwissen, die soziale Situation oder sonstige Informationen außerhalb des Fotos sind dazu notwendig, sondern lediglich ein innerfotografischer Bezug. Damit gewinnt die Arbeit von Branko Lenart auch eine didaktische Dimension, die das bewußte Lesen von Fotos erzwingt.

Branko Lenarts fotografische Arbeit umfaßt vor allem Fotos, die als subjektive Dokumentation zu bezeichnen sind. Dabei ist ihm eine Darstellung des alltäglichen Kunst- und Formempfindens wesentlich. Aus seiner gegenüber Kitsch, naivem Kunstverständnis und Dekoration sensiblen Arbeit ist auch die Fotoserie "Augenwerke - kryptogrammatisch" verständlich. Dieselben Elemente werden aufgegriffen. Tatsächlich verwendet Branko Lenart einzelne Motive für seine Bildpaare aus seinem Archiv. Aus der Beschreibung einer äußeren Realität, die auf den inneren Zustand einer Gesellschaft schließen läßt, ist eine Arbeit geworden, die die fotografische Sprache wieder stärker thematisiert. Jedes seiner Fotopaare zwingt auch zur Überlegung der Möglichkeiten von Aussagen durch einzelne Fotos. Die Sicherheit der Abbildung und vor allem der eindeutigen Rezeption durch einen beliebigen Betrachter wird in Frage gestellt. Gleichzeitig enthalten diese Fotopaare aber Hinweise darauf, wie sie zu lesen sind und wo die Brüche zur bloßen Realitätswiedergabe liegen.

Kurt Kaindl, (1986)

The author arranges his photographs in pairs whose joint message and relationship will cancel out the individual image. Accustomed to read the manifest content of a photograph, the viewer, on first sight, will discover little of what a stone sculpture and a sleeping person in a park have in common. What is missing is the joint context to define both photographs as elements of a certain environment, as a contrasting pair or as formally artistic correspondents.

The second view reveals an analogy: couples, embracing in their sleep. But that does not seem to be the solution for these photographs; the analysis will either begin only just now or it has caught the eye from the very first moment. It is not the overall message but only a small part, a certain aspect, a gesture that justifies the connection. In his book "Camera Lucida", Roland Barthes speaks of what he calls the "punctum", the accidental element in photography which subjectively touches or captivates, regardless of a general interest: a tiny element that sets a photograph apart from the mass of the rest. Branko Lenart's photographs seem to be engaged in an intended play with this possibility open to the viewer. The bent arms in one pair of photographs might be such a "punctum": protecting in the case of the stone figure, open and surrendered in the case of the sleeping woman in the grass.

The author calls his photographs cryptogrammatic; a cryptogram is a secret message camouflaged as a generally understandable text but only to be deciphered by the initiated. With this title, Branko Lenart obviously alludes to the immediately apparent content of the individual photographs concealing a meaning of importance to the author. By combining two photographs, he hands us the key to decode the cryptogram. It does not take a knowledge of the context, of the social situation or any other information outside the photographs but merely an inner-photographic reference, giving the work a didactic dimension that makes a conscious reading compulsory.

Branko Lenart's photographic work is primarily made up of what might be called subjective documentation. In it, he places emphasis on the representation of an every-day perception of art and its forms. The general line of his work, characterized by a sensitivity towards kitsch or towards a naive sense of art and decoration, is also the key to his series "Optical Works — Cryptogrammatic" wherein he took up these same elements and used, in fact, individual motifs from his archive for the image pairs. The description of an outer reality allowing for conclusions about the inner condition of society has developed into a work centering again on the language of photography. Each of his photo pairs also forces the viewer to reflect possible meanings of the individual photographs. The unambiguity of depiction and, most of all, of reception by an arbitrary viewer, is called into question. At the same time, however, these photo pairs include hints for the reader pointing at the fault lines that separate them from a mere documentation of reality.

Kurt Kaindl (1986)

Beograd / Graz, 1984

Graz / Ljubljana,
1983 / 1985

Venezia, 1982 / 1984

Augenwerke diophantisch
Optical Works diophantic 1982 - 1987

150

Cividale / Hallein, 1982 / 86

152

Metéora / Venezia,
1982 / 1986

Hvar / Salzburg,
1984 / 1987

154

155

Transponderation

1984 - 1989

TRANSPONDERATION ist ein Kunstwort, zusammengesetzt aus
* TRANSPONDER: nachrichtentechnische Anlage, die Funksignale aufnimmt, verstärkt und auf einer anderen Frequenz wieder abstrahlt
* TRANSPONIEREN: ein Musikstück in eine andere Tonart übertragen
* PONDERATION: Wägen, Abwägen; gleichmäßiges Verteilen der Gewichte

Der Fotograf (Transponder) nimmt Impulse aus der Umwelt auf, er wählt einen Ausschnitt aus der Wirklichkeit oder der bereits reproduzierten Wirklichkeit und fixiert ihn im fotografischen Abbild. Im sechszehnteiligen Tableau werden nun die Bilder zu einem komplexen Gebilde mit neuer eigener Identität verdichtet.
Es entstehen assoziative Bildfolgen; Überblendungen führen zu einem Wechsel des Themas, Schnitte erzwingen das Aufsuchen neuer Bezugspunkte. Mit dem Wechsel der Blickrichtung wird oft eine Neuinterpretation des bereits Gesehenen notwendig.

Das Ganze ist mehr als die Summe seiner Einzelteile. Kleine Geschichten von erhofften Wundern und trivialer Wirklichkeit verschmelzen in ihrer Gesamtheit allmählich zu einer einzigen großen Erzählung, in der es um Wachsen und Vergehen, um Herrschen und Verlieren, um Mensch und Natur, um Gequälte und Erlöste, um Mann und Frau, um Erschaffen und Zerstören, um Krieg und Frieden, um Leben und Tod, um Aufstieg und Untergang geht.
Es ist vielleicht auch unsere Geschichte.

FRIEDERIKE LENART, 1989

TRANSPONDERATION is an artificial word, evoking meanings like
* TRANSPONDER: telecom device that receives and amplifies a radio signal and retransmits it on a different wave length
* PONDERATION: the act of weighing or balancing; to equally distribute weights

The photographer (the transponder) receives impulses from his environment, choosing a segment of reality or of its reproduction and capturing it in a photographic image. In a sixteen-part tableau, these images are compressed into a complex pattern with its own new identity. The result are associative image sequences; dissolves make for a change of topic, cuts force the viewer to search for new points of reference. A change of perspective often necessitates a reinterpretation of things already seen.

The whole is more than the sum of its parts. Little stories of miracles hoped for and trivial reality merge to a whole, into one great epos of growing and passing, of rulers and losers, of man and nature, of torment and deliverance, of man and woman, creation and destruction, war and peace, life an death, rise and decline. It is also, perhaps, our (hi)story.

FRIEDERIKE LENART, 1989

160 x 200 см

R. O M. (Roma o morte)
1990

160

162

DIE KRAFT UND DIE HERRLICHKEIT
THE POWER AND THE GLORY

1990

war oder wahr

Was das Auge schweifend sieht, ist die Gegenwart der Vergangenheit, wenn sich der Kopf auf diese Dimensionen einläßt. Bilder, die die Kamera erzeugt, vermögen das Vergangene des Gegenwärtigen abzuspeichern, weil das enge Blickfeld durch das Abenteuer raumzeitlicher Erweiterung ersetzt zu werden vermag.

Gerade heute sind wir Zeugen, wie uns Künstler die ästhetischen Ebenen von Geschichte vor Augen führen. Am Anfang war das Wort, vor uns stehen Bilder, statisch oder bewegt, die das vielteilige und weitverzweigte Vokabular der Quellen unverrückbar ins Gesichtsfeld bringen. Unverrückbar gerade dann, wenn sich die Einheit von Zeit und Ort aufgesplittert und dadurch ausgreifend verschoben hat.

"Die Kraft und die Herrlichkeit" bedient sich als monumentales Triptychon dieser Verfahrensweise. Allein durch die bedeutungsvolle und wohl auch traditionell beziehungsreiche formale Gestaltung reicht diese Fotoarbeit über die Stufe des bloß Dokumentaristischen hinaus. Zunächst allein durch diese Gestalt, in weiterer Folge durch die exakte innere Bildstruktur setzt der Fotograf dem von vornherein Dogmatischen des "So könnte es gewesen sein" die eindeutige Feststellung "So war es" gegenüber. Nicht die Abwägung langwieriger Recherchen führt ihn zu dem Schluß, sondern sein formaler Impetus, über den sich ihm Geschichte erschließt. Der Autor dieses Bildes hat Geschichte visuell erlebt, fokussiert in ihren Monumenten, also in ihren ästhetisch relevanten Zeugnissen. Er weiß sie zu inszenieren, um seine Sicht für sich selbst und für uns verfügbar zu machen, er läßt sich auf den Duktus ihrer visuellen Handschrift ein, er wagt den Balanceakt, sie weder durch "andere" Bilder zu konterkarieren, noch sich unreflektiert auf ihre Bild gewordenen Mechanismen einzulassen. Spätestens seit "Dove sta memoria" von Gerhard Merz und "Les armes d'arcier" von Marie-Jo Lafontaine hat eine verwandte Verfahrensweise im Kunstkontext eine lange Reihe von Diskussionen durchlaufen, die in der zentralen Frage mündeten, wie weit die Annäherung an bestimmte ästhetische Muster der Vergangenheit mit einer gewissen Form von Akzeptanz gleichzusetzen sei. Letztlich hätte sich auch Branko Lenarts "Die Kraft und die Herrlichkeit" diesem Streitgespräch stellen müssen, hätte man nicht inzwischen der intellektuell verarbeiteten Eigengesetzlichkeit dieser in ihrer Grundstruktur vergleichbaren Bildwerke als Erkenntnisgewinn den Vorzug gegeben.

Dieses Triptychon gewinnt seine kraftvolle visuelle Gestalt nicht nur aus dem forcierten Gegensatz von ausschnitthaftem Ganzen und den Details, sondern auch aus der unterschiedlichen Größendimension des Mittelbildes zu den beiden "Flügeln". Dieser zusätzlich konzeptuell verankerte Kunstgriff wird zur bildlichen wie zur inhaltlichen Klammer. Die drängende Größe der Seitenteile mit ihrer monochromen Farbigkeit reguliert und interpretiert die tatsächlichen Maßverhältnisse, als wollten diese vor Augen führen, daß Kraft und Ordnung in jedem vorstellbaren Detail liegen, gegenüber dem die inszenierte und ideologisierte Monumentalität sich vergleichsweise eng und unbedeutend ausnimmt. In dieser eindringlichen metaphorischen Sprache wird gleichzeitig die Fotografie als aussagekräftiges Medium vorgeführt, das wie kein anderes auch zeitliche Denkräume zu verknüpfen weiß.

WERNER FENZ (1991)

The way it was or the way it is

What the roving eye beholds is the presence of the past, on the condition that the mind is willing to confront this dimension. The camera-produced image is able to store the past aspect of things present because the narrow angle of vision is replaceable by the adventure of spatio-temporal expansion.

Today, more than ever, we witness how artists bring to light the aesthetic levels of history. In the beginning was the word; before us there are images, static or in motion, placing the vocabulary of the sources in its complexity and its ramifications immutably into the field of vision. Immutably, most of all, when the unity of time and place is split and widely dislocated. The monumental triptych "THE POWER AND THE GLORY" makes use of this procedure. The meaningful formal arrangement with its traditional references takes this photo work beyond the boundaries of the mere documentary. By this outer arrangement, to begin with, and, in consequence, by the precise inner structure of the image, the photographer juxtaposes the basically dogmatic "This is the way it may have been" with the unequivocal statement "This is the way it was". It is not the consideration of the results of tedious research that has lead him to his conclusion, but rather his formal impetus through which he finds access to history. The author of this picture has had a visual experience of history focussed on its monuments, its witnesses of aesthetic relevance. He knows how to stage history in order to make available his own view to himself and to us; he gets involved in the flow of its visual hand-writing; he dares to walk the narrow line of avoiding a counter-balance by means of "other" images and an unreflected involvement in its pictorial mechanisms. Since "Dove sta memoria" by Gerhard Merz, at the latest, and "Les armes d'arcier" by Marie-Jo Lafontaine, a related approach in the context of art has passed through a long series of debates ending in the central question to what degree the approximation to certain aesthetic patterns of the past can be equalled to a certain form of acceptance. In the final analysis, Branko Lenart's "THE POWER AND THE GLORY" should also have adressed that issue, had not the intellectually processed order inherent to these works of comparable basic structure been given preference.

This triptych gains its powerful visual form not only from the forced contrast of a segmented whole and its details but also from the difference in size between the center part and the two "wings". This additional conceptual trick becomes a bracket with reference to the visual image and its content. The pressing size of the lateral parts with their monochrome character regulates and interprets the factual format relations as if they were to demonstrate that power and order are in every imaginable detail, making the staged and ideologized monumentality appear narrow and meaningless. In this vivid metaphoric language photography is being introduced as a meaningful medium with an unmatched ability to interconnect even temporal spaces of thought.

WERNER FENZ (1991)

70 x 250 см

Werkverzeichnis / Work Catalogue

	JAHR	FOTOS	FORMAT CM
STYRIANS	1970-71	24	18 x 24
ON THE ROAD	1972-73	50	30 x 40
FRANKREICH SUBJEKTIV	1970-73	35	30 x 40
MIRRORGRAPHS	1975	30	24 x 30
SELFPORTRAITS	1975	20	18 x 24
PRESENTING PHOTOGRAPHERS	1976	18	18 x 24
AUSSTELLUNGSBESUCHER	1975-77	68	24 x 30
SEASCAPES	1975-78	36	24 x 30
GREEK MONUMENTS	1978	15	24 x 30
VISIONS IN REALITY	1975-78	16	18 x 24
FOTOGRAFIEN	1979-80	24	24 x 30
MILLERTON PROJECT	1980	220	18 x 24
BÜRGERLICHER REALISMUS	1979-81	62	24 x 30
SUBJEKTIVE TOPOGRAPHIE I	1979-81	17	30 x 40
SUBJEKTIVE TOPOGRAPHIE II	1979-83	19	30 x 40
SCHLOSZBERG	1981-83	63	30 x 40
HEIMATBILDER (C-PRINTS)	1982-83	30	24 x 30
TITO IN REPRODUKTIONEN	1979-87	36	28 x 36
KRKAVČE	AB 1981		24 x 30
DAS EGGENBERGER RITUAL	1983-84	41	40 x 50
STAND-ORTE DISLOKATIONEN (C-PRINTS)	1983-85	16	40 x 50
TRIEST PROJEKT	1985	16	40 x 50
AUGENWERKE KRYPTOGRAMMATISCH	1982-86	16	40 x 50
AUGENWERKE DIOPHANTISCH	1982-87	18	40 x 50
HERR & HUND (C-PRINTS)	1987	12	34 x 50
TRANSPONDERATION	1984-89	16	40 x 50
R.O M.	1990	13	50 x 70
DIE KRAFT UND DIE HERRLICHKEIT (C-PRINTS)	1990	3	70 x 100
NATURE MORTE (C-PRINTS)	1990-91		70 x 100

Biographie / Biography

1948	geboren am 15. Juni in Ptuj (Slowenien)
1954	Emigration nach Graz
1964 - 1974	Mitglied der TVN-Fotogruppe Graz
1968	Photokinaobelisk
	seit 1968 Mitglied des Forum Stadtpark Graz
1970	Stipendium des Institut Français de Vienne nach Paris
1972 - 1978	Pädagogische Akademie Graz-Eggenberg
1973	Stipendium der französischen Regierung nach La Rochelle
1976 + 1979	Steiermärkisches Landesstipendium nach Arles
seit 1979	Lehrer für Fotografie an der HBLA für Bildnerische Gestaltung Graz
1980	Polaroid Förderungspreis
	Artist-in-Residence am Apeiron Workshop, Millerton, N. Y.
1983	Förderungspreis für Fotokunst des Bundesministeriums UKS
	Landesförderungspreise für Fotografie (zuletzt 1986)
1988	Rupertinum-Preis
1989	Studienreise in die USA
1990	Romstipendium des Bundesministeriums UKS
	Ankaufspreis beim Landeskunstpreis

1948	Born June 15th in Ptuj (Slovenia)
1954	Emigration to Graz, Austria
1964 - 1974	Member of TVN Fotogruppe Graz
1968	Photokina Obelisk Award
	since 1968 Member of Forum Stadtpark Graz
1970	Grant of the Institut Français for Paris
1972 - 1978	M. A. (education), Graz
1973	Grant of the French Government for La Rochelle
1976 + 1979	Grant of the Styrian Government for Arles
since 1979	Teacher of Photography at Arts College/Audiovisual dept., Graz
1980	Polaroid Award
	Artist-in-Residence at Apeiron Workshops, Millerton, N. Y.
1983	Ministry of Arts Award for Photography
	Several Styrian Government Awards for Photography (last time 1986)
1988	Rupertinum Photography Award
1989	Study Trip to the USA
1990	Grant of the Ministry of Arts for Rome
	Landeskunstpreis, Acquisition Award

Einzelausstellungen / One-Man Exhibitions

1970	New Inn, Graz: "Fotografien 1965 - 1970"
	Kulturhaus, Weiz: "Fotografien 1965 - 1970"
1973	Ganggalerie im Rathaus, Graz: "On the Road"
1974	Galerie im Taxispalais, Innsbruck: "On the Road"
	Institut Français, Graz: "Frankreich Subjektiv"
1975	Il Diaframma, Milano: "Mirrorgraphs"
	Forum Stadtpark, Graz: "Mirrorgraphs"
1976	Photographers' Gallery, London: "Mirrorgraphs"
	Fotogalerija Focus, Ljubljana: "Selfportraits & Mirrorgraphs"
	Fotogalerija, Koper: "Selfportraits & Mirrorgraphs"
	Audiovisuelles Zentrum, Graz: "Frankreich '76" (mit M. Willmann)
1977	Fotogalerie Trockenpresse, Berlin: "Selfportraits"
	Kulturhaus, Graz: "Presenting Photographers"
	Photowerkstatt, Heddesheim: "Selfportraits & Mirrorgraphs"
	Raiffeisenkasse, Graz: "Selfportraits"
1978	Kulturhaus, Graz: "Ausstellungsbesucher sind Menschen"
	Galerie Gym, Landeck: "Selfportraits"
1979	Fotogalerij Paule Pia, Antwerp: "Seascapes"
	Galerie Lang, Graz: ""Seascapes"
1981	Arhiv TD, Zagreb: "Seascapes"
	Kulturhaus, Graz: "Bürgerlicher Realismus"
	Forum Stadtpark, Graz: "Millerton Project"
1982	Fotografis Länderbank, Wien: "Subjektive Topographie"
1983	Kulturhaus, Graz: "Schloszberg"
	Forum Stadtpark, Graz: "Heimatbilder"
	Salzburg College, Salzburg: "Heimatbilder", "Subjektive Topographie"
1984	Kulturzentrum Minoriten, Graz: "Das Eggenberger Ritual"
	Srečna Galerija, Beograd: " Tito in Reproduktionen"
1985	Fotogalerija, Novo Mesto: "Tito in Reproduktionen"
1988	Libreria Agorà, Torino: "Subjektive Topographie"
1989	Galerie Faber, Wien: "Augenwerke", "Transponderation"
1991	Kulturhaus, Graz: "Wahr Genommen"
	Rupertinum, Salzburg: "Wahr Genommen"

Gruppenausstellungen / Selected Group-Exhibitions

1970	Palais Charlottenburg, Berlin: "Europäische Fotografen"
1971	Palazzo dell'Arte, Milano: "Acht österreichische Fotografen"
1973	Galerie E, Graz: "Sieben Fotografen"
1974	Palais Thurn & Taxis, Bregenz; Kulturhaus, Graz: "Kreative Fotografie aus Österreich" (Kat.)
	Photokina, Köln: "Bilderschauen"
1975	Theater am Kornmarkt, Bregenz; Kulturhaus, Graz: "Bregenz Sehen" (Kat.)
	Galerija Loža, Koper: "Koštabona"
	Musée d'art et de histoire, Fribourg: "1. Triennale de la Photographie" (Kat.)
1976	Joanneum Ecksaal, Graz: "25 Jahre TVN-Fotogruppe"
	Fotogalerija, Koper: "Kombinirana Fotografija" (Kat.)
1977	Kulturhaus, Graz: "Leben mit einer Stadt" (Kat.)
	Finanzministerium, Wien: "Konfrontationen '77" (Kat.)
	Mestna galerija, Piran: "Koštabona '77"
1978	Moderna galerija, Ljubljana; Collegium Artisticum, Sarajevo: "Hommage a Marcel Duchamp" (Kat)
1980	Forum Stadtpark, Graz: "Europäische Fotografen, Teil I"
	Consiglio di Quartiere Giudecca, Venezia: "Il Ritratto in fotografia"
	Likovno Razstavišče Jakopič, Ljubljana; Collegium artisticum, Sarajevo; Umetnički Paviljon, Beograd: "Metaphysical Presence" (Kat.)
1981	Consejo Mexicano de Fotografia, Mexico City: "Fotografia Austriaca"
	Secession, Wien: "Erweiterte Fotografie" (Kat.)
	Fotogalerija Loža, Koper: "Koštabona '81"
	Forum Stadtpark, Graz: "Neue Fotografie in Österreich" (Kat.)
	Neue Galerie, Graz: "Fotografie in der Steiermark" (Kat.)
	Museum moderner Kunst, Wien: ""Förderungspreis für Fotokunst" (Kat.)
	Likovno razstavišče Rihard Jakopič, Ljubljana; Umetnicki Paviljon, Skopje: "Junij '82" (Kat.)
1982	Musée Reattu, Arles: "21 Photographes contemporain en Europe" (Kat.)
	Art 13, Basel
	Rimini: "Fotografia Europea Contemporanea" (Kat.)
	Austrian Institute, New York City: "Austrian Photography Today" (Kat.)
	Galerija Sinagoga, Maribor: "Graz '82" (Kat.)
	Museum moderner Kunst, Wien: "Förderungspreis für Fotokunst"
	Trakl-Haus, Salzburg: "Beispiele"
1983	Rupertinum, Salzburg: "Österreichische Fotografie heute"
	Stadthalle, Wien: "Fotografie '83" (Kat.)
	Museum moderner Kunst, Wien: "Förderungspreis für künstler. Photographie"
	Northeastern University, Boston: "New B&W Westeuropean Photography" (Kat.)
	Museum des 20. Jhdts., Wien: "Geschichte der Fotografie in Österreich" (Kat.)
	Gallery of Fine Arts, Ankara: "Photography in Europe Today" (Kat.)
1984	Trakl-Haus, Salzburg: "Rupertinum Fotopreis 1983"
	Cankarjev Dom, Ljubljana: "Slovenska Fotografija 1945 - 1983" (Kat.)
	Benteler Galleries, Houston: "Contemporary European Photography"
	Biblioteca Comunale, Monte Argentario: "Note d'acqua"
	Neue Galerie, Graz: "Geschichte der Fotografie in Österreich"

1985	BURGENLÄNDISCHES KULTURZENTRUM, MATTERSBURG: "NEUE FOTOGRAFIE AUS ÖSTERREICH" FOTOGALERIE, DEUTSCHLANDSBERG: "STEIRISCHE FOTOGRAFEN, SAMMLUNG E. KEES" LIKOVNO RAZSTAVIŠČE JAKOPIČ, LJUBLJANA: "INTERNATIONAL ART COLLECTION JUNIJ" (KAT.) ARBITRAGE GALLERY, NEW YORK CITY: "6 AUSTRIAN PHOTOGRAPHERS" (KAT.) MUSÉE D'ART ET DE HISTOIRE, FRIBOURG: "TRIENNALE DE LA PHOTOGRAPHIE" GALERIE AUF DER STUBENBASTEI, WIEN "RÖMERQUELLE KUNSTWETTBEWERB" (KAT.) GALERIE FOTOHOF, SALZBURG: "SHARING A NEW VISION" (KAT.) CIRCOLO DE BELLAS ARTES, MADRID: "FOTOGRAFIA CONTEMPORANEA" MUNICIPAL ART GALLERY, LOS ANGELES: "6 AUSTRIAN PHOTOGRAPHERS" FUNDACIO JOAN MIRÓ, BARCELONA: "LA CIUTAT FANTASMA" (KAT.) DOM UMENI, BRNO "SOUCASNA CERNOBILA ZAPADOEVROPSKA FOTOGRAFIE" (KAT.)
1986	TOUR EIFFEL, PARIS: "VISAGES, PAYSAGES" (KAT.) FORUM QUATTRORUOTE, TORINO: "AUTOSCATTO" (KAT.) KULTURNI PAVILJON, SARAJEVO: "SARAJEVSKA ZIMA 1986" (KAT.) NEUE GALERIE, GRAZ: "LANDESFÖRDERUNGSPREIS FÜR FOTOGRAFIE" (KAT.)
1988	TRAKL-HAUS, SALZBURG: "RUPERTINUM FOTOPREIS" CENTRO CULTURALE PUBBLICO, RONCHI: "SLOVENI DI CONFINE" (KAT.) KULTURHAUS, GRAZ: "ÖSTERR. FOTOGRAFEN FOTOGRAFIEREN ÖSTERR. TIERE" (KAT.)
1989	BRASIL INTER ART GALERIE, PARIS: "KULINARISCHES ÖSTERREICH" (KAT.) STADTMUSEUM, GRAZ: "ZWISCHEN HIMMEL UND ERDE" KUNSTHAUS, ZUG: "STADTPARK EINS" (KAT.) KULTURHAUS, GRAZ: "INSTALLATION, KONZEPTION, IMAGINATION"
1990	GALERIE STADTPARK, KREMS: "FOTOGRAFIE DER GEGENWART" KULTURNI DOM, GORIZIA: "SLOVENI DI CONFINE" MUZEJ SUVREMENE UMETNOSTI, ZAGREB: "STADTPARK EINS" GALLERIA FOTOGRAFICA, FOGLIANO REDIPUGLIA: "ISTRIA E ISTRIANI" GALERIE BRÜNNER STRASZE, GAWEINSTAL: "STEIRISCHE FOTOGRAFIE" (KAT.) MESTNA GALERIJA, LJUBLJANA: "150 LET FOTOGRAFIJE NA SLOVENSKEM" NEUE GALERIE, GRAZ: "LANDESKUNSTPREIS FÜR BILDENDE KUNST 1990"
1991	NEUE GALERIE, GRAZ: "LANDESFÖRDERUNGSPREIS FÜR FOTOGRAFIE" (KAT.) GALERI HLAVNÇHO MESTA PRAHY, PRAHA: "IM BILDE" (KAT.)

Arbeiten in Sammlungen / Collections

ARCHIVIO FOTOGRAFICO, TRIESTE
BIBLIOTHEQUE NATIONALE, PARIS
BILDSAMMLUNG STEIRISCHER FOTOGRAFEN, GRAZ
BUNDESMINISTERIUM FÜR UNTERRICHT UND KUNST, WIEN
FORUM STADTPARK, GRAZ
FUNDACIO JOAN MIRÓ, BARCELONA
INTERNATIONAL ART COLLECTION JUNIJ, LJUBLJANA
KULTURAMT DER STADT GRAZ
KULTURNA SKUPNOST SLOVENIJE, LJUBLJANA
MUSÉE D'ART CONTEMPORAIN, SKOPJE
MUSÉE D'ART ET D'HISTOIRE, FRIBOURG
MUSÉE FRANÇAIS DE LA PHOTOGRAPHIE, BIEVRES
MUSEI COMUNALI, RIMINI

Neue Galerie am Landesmuseum Joanneum, Graz
Neue Galerie, Linz
Österreichische Fotosammlung Rupertinum, Salzburg
Sammlung Fotografis Länderbank, Wien
Yokohama Museum, Yokohama
Private Sammlungen/Private collections

Publikationen / Publications

Camera, Luzern 9/1967, 9/1973, 8/1975; Foto, Kopenhaven 12/1971; Photography Italiana, Milano 4/1972; Photographie Nouvelle, Paris 10/1972; Fotomagazin, München 6/1973; Protokolle, Wien 2/74, 2/76, 2/1977, 3/1981; Kreative Fotografie aus Österreich, Graz 1974; Bregenz Sehen, Bregenz 1975; 1er Triennale Internationale de la Photographie, Fribourg 1975; Camera Mainichi, Tokyo 10/1975; Camerart, Tokyo, 10/1975; Nueva Lente, Madrid 3/1976; Fotografia Italiana, Milano 7/1976; Spot, Zagreb 8/1976; Photocinema, Paris 11/1976; Progresso Fotografico, Milano 2/1977; Leben mit einer Stadt, Graz, 1977; Camerart, Tokyo, 11/1977; Creative Camera Yearbook, London 1977; Camera Austria 6/1981, 9/1983; Fotografie in der Steiermark, Graz 1981; European Photography, Göttingen 13/1982; 21 Photographes contemporain en Europe, Paris 1982; Austrian Photography Today, Wien 1982; Geschichte der Fotografie in Österreich, Wien 1983; Fotografia Europea Centemporeana, Milano 1983; Neue Fotografie aus Österreich, Mattersburg 1984; 6 Austrian Photographers, Graz 1985; La Ciutat Fantasma, Barcelona 1985; Photographers International Encyclopaedia, Geneve 1985; Landstrich, Schärding 5/1958; Visages, Paysages, Trieste 1985; Fotonetz Nr.54, Essen 1985; Il Territorio 16/17, Ronchi 1986; Sterz 38, Graz 1986; Sloveni di confine, Ronchi 1988; Österr. Fotografen fotografieren Österr. Tiere, Graz, 1988; Stadtpark eins, Graz 1989; Österreichische Fotografie seit 1945, Salzburg 1989; 150 let fotografije na Slovenskem, Ljubljana 1990

Monografien / Catalogues

1973	"Photos von unterwegs", Katalog, Kulturamt der Stadt Graz
1974	"Styrians", Text Thomas Schwinger, Sonderdruck der "Protokolle", Wien
1976	"Ausstellungsbesucher sind Menschen", Text Reinhard P. Gruber, Sonderdruck der "Protokolle", Wien
1977	"Presenting Photographers", Sonderdruck der "Protokolle", Wien
1981	"Bürgerlicher Realismus", Sonderdruck der "Protokolle", Wien
1984	"Tito v reprodukcijah", Katalog, Srečna galerija, Beograd

Aufsätze, Texte / Articles, Essays

Spot 8, Galerija grada Zagreba, Zagreb 1976
print letter Nr. 14, 24, 31, Zürich 1978, 1979, 1981
European Photography Nr. 4, 5, 6, Göttingen 1980, 1981
Contemporary Photographers, MacMillan Publ., London 1983

Branko Lenart, Viktor-Kaplan-G. 25, A-8045 Graz, Austria, Tel. 0316/693545

Epilog / Epilogue

176 Janus, Vulci, 2. Jh.v.Chr.